青少年快乐说话指南

会说才能赢

奇辩

谢伦浩 杨 光/主编

辽宁人民出版社

图书在版编目（CIP）数据

奇辩 / 谢伦浩，杨光主编. —沈阳：辽宁人民出版社，2014.1（2024.1重印）
（会说才能赢）
ISBN 978-7-205-07848-5

Ⅰ. ①奇… Ⅱ. ①谢… ②杨… Ⅲ. ①辩论—语言艺术 Ⅳ. ①H019

中国版本图书馆 CIP 数据核字（2013）第278586号

出版发行：辽宁人民出版社
地址：沈阳市和平区十一纬路 25 号　邮编：110003
电话：024-23284321（邮　购）　024-23284324（发行部）
传真：024-23284191（发行部）　024-23284304（办公室）
http://www.lnpph.com.cn
印　　刷：辽宁新华印务有限公司
幅面尺寸：160mm × 230mm
印　　张：10
插　　页：1
字　　数：133千字
出版时间：2014 年 1 月第 1 版
印刷时间：2024 年 1 月第 3 次印刷
责任编辑：孙娈娇
装帧设计：丁末末
责任校对：吴艳杰
书　　号：ISBN 978-7-205-07848-5
定　　价：48.00元

编 委 会

主　编　谢伦浩　杨　光

编　委　朱炎熙　朱　麟　黄祥友　袁送荣

孟博豪　李琪婧　汤　鹤

前　言

说话是一门艺术，更是一门高超的语言表达艺术。

古今中外很多卓越的口才大师凭借着超凡的说话能力往往是胸藏百汇，舌吐风雷，振臂高呼，应者云集，挽狂澜于既倒，助巨浪而前行。他们的口才表达能力具有神奇的感染力、说服力和鼓动性。

战国时的苏秦依仗三寸不烂之舌，游说东方六国，身挂六国相印，促成合纵抗秦联盟；三国时诸葛亮出使东吴，舌战群儒，终于说服吴王孙权和都督周瑜联刘抗曹，大破曹兵；周恩来总理多次在谈判桌上，以他那闻名世界的铁嘴挫败敌手，捍卫祖国尊严……无数事实说明，说话艺术能发挥改天换地、惊天动地的巨大作用。

在现实生活中，改革开放的政治形势和现代信息化社会环境，使信息量增大，信息流传加快，口才交际机会增多，说话表达场合拓宽。理论家崇论宏议，情动四海；军事家侃侃而谈，不容置喙。此外，企业家的谈判，营业员的推销，学者的交流都要有非凡的说话技巧。正因为如此，说话艺术作为一种宣传真理的好工具，获取信息的好途径，扩大联系的好机会，求知学习的好渠道，锻炼口才的好方法而受到人们特别是青少年朋友的重视。我们曾看到不同行业、不同年龄、不同层次的人们置身讲坛，英姿焕发，即兴而说；他们或大声疾呼，力陈改革之策；或纵横畅谈，议论美好前程；或热血沸腾，讴歌伟大祖国；或慷慨陈词，痛斥不正之风；或精细剖析，阐明人生哲理……声情并茂，鞭辟入里，令人难忘。

说话是一门艺术，也是一种技术。包括演讲之术、论辩之技、幽默之法、交谈之策、对话之谋……作为技巧，是可以通过后天的训练而习得的。为了提高读者朋友的说话表达能力，我们编写了这套《会说才能赢》说话艺术丛书。丛书共6册，分别为《演讲》、《论辩》、《幽默》、《对话》、《妙答》、《奇辩》。本套丛书讲求实用操作性与知识趣味性的统一，它可以作为读者朋友提升说话能力技巧的专业读物，更是对演讲、论辩、幽默等语言表达艺术情有独钟的青少年朋友的良师益友。

相信这套丛书的出版能促使你成为一个：

有卓越技巧的人，

有优良品质的人，

能适应时代、影响社会的人。

《会说才能赢》编委会

2013年10月

前言 / 001

巧辩篇

免费票 / 001
老马识途 / 001
伊藉出使杀吴 / 002
善于巧问，以理服人 / 003
“巨人”与“明灯” / 004
好奇的服装 / 004
左邻右舍 / 005
言此意彼 / 005
授君之道 / 006
死亡率 / 007
秦宓制谬 / 007
收回我的话 / 008
请君入瓮 / 009
善辩的两兄弟 / 010
还有一只 / 010
浪费与节约 / 011
狄更斯钓鱼 / 011
不吃死苍蝇 / 012
拜师 / 012
指桑骂槐 / 013
伶官敬新磨 / 014
以问代答，嫁难于人 / 015
增加俸米 / 016
婕妤避端 / 017
好心劝告 / 017
坚定信念 / 018
赤诚之心 / 018
喝干海水 / 019
穷与潦倒 / 019
不失“威”与“德” / 020
最佳搭档 / 021
竞选总统 / 022

曹操的马鞍 / 023
进退维谷 / 023
接手差班 / 024
反守为攻 / 025
一语惊人 / 025
潮涨潮落 / 026
苦海在哪 / 027
沉默是金 / 028
好玩与否 / 028
阿里山瓜子 / 029
有决胜把握 / 030
欲擒故纵 / 031
题扇 / 032
戴公信佛 / 032
君臣不分梨（离）/ 033
蔡锷巧回太守 / 033
爱情苹果 / 034
发难 / 034
白头翁 / 035
拷红 / 035
总统的支持者 / 036
还以颜色 / 037
谁造的房子 / 038
总统谈农业垦殖问题 / 039
迪特与顾客 / 039
真与假 / 040
鸟的佛性 / 041
忘了生日 / 041
田文巧言说父亲 / 042
审案 / 043
未来之事 / 044
无神论者 / 044
阿凡提与巴依作对 / 045
不花钱买的两匹马 / 046
阔太太和哈巴狗是一对 / 047
不敢不乐 / 047
金蝉脱壳 / 048
“优惠”的刺激 / 049
馒头投毒案 / 049
朋友的礼物 / 050
盗马贼 / 051
竞选总统 / 052
“牛”不起来 / 052
只放她的假 / 053
换伞 / 054
冒牌记者 / 055
无声的语言 / 055
戒酒 / 056

雄辩篇

弱者 / 057

无法看清被告的脸 / 057
五环旗与“孔方兄” / 059
美赞皇恩 / 059
前程就在脚下 / 061
我以义死，囚禁何惧 / 063
不破不立 / 065
知难行易 / 066
放下屠刀　立地成佛 / 066
法律是道德吗？ / 067
以诗还诗 / 068

趣辩篇

倒茶叶 / 070
掏钱包 / 070
无法邮寄 / 071
醉酒之翁不在意 / 071
“头”与“脖子” / 072
人与猴 / 073
看不出是什么星宿 / 073
肚脐眼生在脚下 / 074
小偷朋友 / 075
从左到右的写作法 / 075
熏陶 / 076
比尔理发 / 076
独来独往 / 077
两个被骂的官员 / 077
佛儒之辩 / 078
总统的三明治 / 079
没有什么 / 080
心里有鬼 / 080
是松是槐 / 081
聪明的解缙 / 082
答应一半 / 083
老先生巧戏富翁 / 084
阿凡提的故事 / 084
猫头鹰护腐鼠 / 085
财主画虎 / 085
系紧安全带 / 087
庄周巧喻　粮食到手 / 087
和你一起走 / 088
男人像大拇指 / 089
最后一瓶 / 089
巧讽和尚 / 090
手下留情 / 091
脸为什么涂红 / 091
发泄怒火 / 092
猎人与野熊 / 093
有修理的可能 / 093
坦诚相待 / 094
勉为其难 / 095
点到为止 / 095

讨价还价 / 096
一步不走 / 096
穷人和富人 / 097
牙医 / 097
懒汉的诡辩 / 098
芸豆老了 / 099
纳妾制度 / 099
谁的力气大 / 100
驱蚊符 / 100
六月穿棉袄 / 101
目不识丁 / 102
多云转晴 / 102
永久的进款 / 103
回到地球上 / 103
照片 / 104
不打自招 / 104
卖报 / 105
妻子巧劝夫戒烟 / 106

诡辩篇

责任在病人 / 107
彼一时，此一时 / 107
信用危机 / 108
“大”与“小” / 108
不在禁止范围内 / 109
成功与失败 / 109
人民的财产 / 110
南与北 / 110
万能溶液 / 111
死因 / 112
黑与白 / 112
以“和”为“尚” / 113
嫁给老头 / 113
不死神药 / 114
尸体的价格 / 115
不会说谎 / 115
只吃“大白薯” / 116
布谷鸟 / 117
受骗的听众 / 117
兄弟 / 118
日与月 / 119
信口“跳河” / 119
杀人成人 / 120
重男轻女 / 121
迂公醉酒 / 122
怪异的农民 / 122
讨债 / 123
谁也没看见 / 124
慢工出细活 / 125
整顿校风 / 126
体验 / 126

行窃者 / 127

祈福 / 127

学政治 / 128

不干傻事 / 129

喝酒与服毒 / 130

伞与纸 / 130

职责 / 131

仁慈全能的上帝 / 131

水能淹人 / 132

心安理得 / 133

无法回答 / 133

测字 / 134

胡扯蛮缠 / 134

请给怀抱婴儿者让座 / 135

真实的论据 / 136

请不要乱扔果皮纸屑 / 136

对手 / 137

建桥 / 137

做裤子 / 138

幻觉 / 139

平息暴动 / 139

心外无物 / 140

依《论语》办案的知县 / 141

走资派 / 141

菩萨显灵 / 142

幕后者 / 143

指鹿为马 / 143

喝酒与喝水 / 144

高跟鞋与头油 / 145

希特勒的武力 / 145

阿 Q 与尼姑 / 146

正义的人竟是小偷 / 147

巧辩篇

免费票

张：你有点不够朋友。

李：何出此言？

张：你在戏院工作，完全有能力给我弄点免费剧票，但你从来没有做过。

李：这样说的话，你也有点不够朋友吧？

张：我有什么地方做得不够？

李：你在银行里工作，也完全有能力给我弄点免费钞票，但是你却从来没有这样做过。

点评

李某在驳斥张某时留有余地，不使其十分难堪。他找出与张某利益有关的事例来，采用张某使用过的方法来解析事例，并仿照张某采用的表达形式，不用断定的口气给张某以反击。李某使用的正是诉疑型借体反驳式技巧。

老马识途

二十世纪五十年代，中国一预审员在审问一美国间谍。

预审员：“你说说你的生活经历吧。”

间谍："……一九四八年到北京，向著名教授学习准备写博士论文。"

预："你研究什么题目？"

间："研究管子。"

预："那我给你讲讲老马识途的故事吧！"

间：（怔怔地）

预："你说你是研究管子的，但连老马识途的故事都不知道。我看你在中国绝非单纯地研究学问吧！"

间："……"

点评

预审员的一句问话，一针见血地击中对方的要害，彻底地揭露了间谍的谎言。

伊藉出使杀吴

相传，三国时蜀先主以伊藉为左将军从事中郎。使吴，孙权问其才辩，欲折其辞。藉适入拜，权曰："劳事无道之君。"藉应声对曰："一拜一起，未足为劳。"吴主大惭，无语以对。

点评

伊藉妙在对方语言中"无道之君"的模糊性，巧换具体对象，把"无道之君"回敬给孙权，令吴主羞愧难耐。

善于巧问，以理服人

战国时，为了防止魏王听信人们对他的诽谤，庞葱在去赵国做人质前，对魏王说：

“现在有人来向大王禀报街上来了老虎，您相信吗？”

魏王说：“不相信。”

庞葱又问：“这时有第二个人来向大王禀报，街上发现了老虎，您相信吗？”

魏王犹豫了一下，说：“我有点怀疑。”

“那么，”庞葱再问道，“又有第三个人来向大王禀报，街上有老虎，您相信吗？”

魏王迟疑了一下，说：“那我相信。”

这时，只见庞葱神色凝重地说道：“街上没有发现老虎，那是事实。可有人一而再，再而三的向您禀报说有，您就相信了。我陪魏太子此行去邯郸，路途遥远，这过程中议论我的人很多，希望大王明鉴。”

魏王听后微微地点了点头，说道：“这个你放心，我自己会鉴别的。”

点评 ★

论辩中，要善于在关键环节提问，让对方的思路钻到自己预设的方阵中，最终令对方心悦诚服地接受自己的意见。

“巨人”与“明灯”

甲国首脑是秃头，乙国首脑身材矮小。两人会晤商谈双边关系中的一些问题。

商谈中，甲国首脑忽然说：

“您的见解很令人佩服，您真不愧是世界政坛的巨人！”

乙国首脑看了看对方的秃头，说：

“您的见解也很高明，您也真不愧为世界的一盏明灯。”

点评 ★

乙国首脑以“其人之道还治其人之身”，巧施比喻，这样交谈双方在心理上获得了平衡，商谈也就较为正常地进行着。

好奇的服装

巴勒斯坦解放组织的领袖阿拉法特，在各类公开场合都穿着一身与众不同的民族服装。有人对此很不解，便问：

“你为什么穿这类令人好奇的服装呢？”

阿拉法特看看左右，大声答道：

“我喜欢穿得像阿拉法特！”

点评 ★

阿拉法特针对提问，做了简短、直率而又有回味的回答，留给听者想象的空间。

左邻右舍

有个富翁，左邻是铜匠，右舍是铁匠，成天叮叮咚咚吵个不停。富翁特备一桌酒席请他们搬家，左右邻都答应了。

两家都搬了家后，叮叮咚咚还是照旧。原来是左边搬到了右边，右边搬到了左边。

点评

富翁所说的“搬家”是指搬到距离较远之处，可左邻右舍的理解，只要把住处挪动一下就是搬家。邻居偷换概念，巧妙地整治了富翁。

言此意彼

春秋战国期，纵横家苏秦游说列国，共同抗秦。

有人向燕王进谗言，说他是别有用心。燕王听信谗言，疏远了苏秦。

苏秦察觉此事后，觐见燕王说：“臣以忠信得罪了君王。”

燕王不明其意。

苏秦说：“君王不知，我家邻居的妻子有外遇，怕丈夫知道，便在酒中下毒。他的小老婆奉命献酒，既怕毒死丈夫，又怕他知情后赶走主母，便假装失手摔碎了酒杯，结果挨了一顿毒打。我的处境跟邻居的小老婆一样，本来为了燕国取回十城，却因忠信得罪了君王，引起了猜疑。”

燕王终于被苏秦诚恳委婉的言辞所打动，再度委以重任。

点评

苏秦借邻居的妻子欲毒死丈夫的故事为自己作辩解，委婉隐约地表达了自己的意见，巧妙说服了燕王。

授君之道

乾隆为太子时，他的老师是巴山才子，翰林李钟峨。

一次，乾隆贪玩背不出书，李翰林叫他跪着读，正巧雍正皇帝巡视东宫，见爱子受罚，过去拉起就走，还怒气冲冲地说："读也是君，不读也是君，何必在此受辱！"

李翰林辩说道："读者是尧舜之君，不读者是桀纣之君。这里有先辱后荣和先荣后辱之分也。"

雍正听罢，觉得言之有理，便让乾隆继续跪读，并说：

"卿之言是也，后当严格要求，刚才乃朕之过，吾当痛改之。"

点评

李翰林将笼统的概念，明确化，具体化，辩明了"君"有"明君"和"昏君"之分，"荣辱"也有"先辱后荣"和"先荣后辱"之别的事理，深刻有力地劝诫了君主。

死亡率

一位发达国家的外交官问一位非洲国家的大使："贵国的死亡率想必不低吧？"那位大使机智地回答道："跟你们那儿一样每人死一次。"

点评

非洲大使的回答表面上看答非所问，他单回答每个人的死亡情况，以个体代整体。回答的得体大方，机智幽默。

秦宓制谬

三国时，吴国使者张温出使蜀国，与秦宓有一段精彩的论辩。

张温问："天有头乎？"

秦宓答："有头。"

"头在何方？"

"在西方，诗云：'乃眷四顾。'以此推之，头在西方也。"

张温又问："天有耳乎？"

秦宓答："天处高而听卑。诗云：'鹤鸣九皋，声闻于天'无耳何能听？"

"天有足乎？"

"有足，诗云：'天步维艰'，无足何能步？"

张温问："天有姓乎？"

秦宓答："岂得无姓？"

"何姓？"

"姓刘。"

"何以知之？"

"天子姓刘，以故知之。"

点评

秦宓以诗作答，以谬制谬，置对方于被动之地，秦宓机敏过人，出口不凡。

收回我的话

尤苏戴莫斯对苏格拉底说：

"欺骗偷窃之类都是不正义的。"

苏："如果在作战时欺骗敌人，怎么样呢？"

尤："这是正义的，不过我说的却是我们的朋友。"

苏："如果一个孩子需要服药，却不肯服，父亲就骗他，说这种东西很好吃，而由于用了这欺骗的方法竟使孩子恢复了健康，这种欺骗的行为应该放在哪一边呢？"

尤："我看应该放在正义这一边。"

苏："又如一个人因为朋友意气沮丧，怕他自杀，而把他的刀剑一类的东西偷去或拿去，这种行为又应该放在哪一边呢？"

尤："当然，也应该放在正义这一边。"

苏："就是说，就连对于朋友也不应该在无论什么时候都坦率行事的？"

尤："的确不是。如果你准许的话，我宁愿收回我已经说过的。"

点评

苏与尤的一问一答，反复启发诱导，终于使尤放弃原来的观点，双方获得了统一的认识。

请君入瓮

美国大律师赫梅尔在一件赔偿案件中代表其保险公司出庭辩护。

原告申辩道："我的肩膀被掉下来的升降机轴打伤，至今右臂仍抬不起来。"

赫梅尔问道："请你给陪审员们看看，你的手臂现在能举多高？"

原告慢慢地将手臂举到齐耳的高度，并表现出非常吃力的样子，以示不能再举高了。

"那么，在你受伤以前能举多高呢？"

赫梅尔话音刚落，原告不自主地一下子将手臂举过了头顶，引得全庭哄堂大笑。

点评

赫梅尔巧妙地设置了圈套，使原告在不备之下露出了马脚，机智地揭露对方的矛盾，对方的败诉是显而易见的。

善辩的两兄弟

钟毓、钟会两兄弟自小就能言善辩。钟毓 13 岁时，魏文帝听说后，便要他们的父亲钟繇带他的这两个儿子进宫觐见。这两个小孩第一次见到皇帝，诚惶诚恐在所难免。钟毓由于紧张以致满头大汗。皇帝便问钟毓："你为什么出汗？"

钟毓回答道："战战惶惶，汗出如浆。"

皇帝接着问弟弟钟会："你为什么不出汗？"言下之意，难道你不敬畏皇帝吗？

钟会回答道："战战栗栗，汗不敢出。"

点评

同样是见了皇帝诚惶诚恐这一个原因，得出了两种相互对立的结果：一个是"汗出如浆"，一个是"汗不敢出"，从两个截然不同的结果足可以看出两兄弟的杰出的论辩之才。

还有一只

老师："桌上有四只苍蝇，打死一只，还有几只？"

学生甲："还有三只。"

学生乙："一只也不剩，都飞走了。"

学生丙："还剩一只，因为这一只飞不走了，它给打死了。"

点评

因为老师并没有限定具体的情况，所以学生的答案各不相同，很难说谁对谁错，这并不是学生在狡辩。

浪费与节约

李：“你看你偏要搞什么试验，糟蹋了这么多材料，简直是浪费！”

王：“我搞试验是为四化，成功了能大大节省原材料，是最大的节约！”

点评

王某用反面论述，这样就免了很多口舌，而且讲得干脆有力。

狄更斯钓鱼

一次，英国作家狄更斯正在钓鱼，一个陌生人走到他跟前问：“怎么，你在钓鱼？”狄更斯不假思索地说：“是的！今天真倒霉，钓了半天了，一条也没钓到；昨天也是在这里，却钓到 15 条哩！”

陌生人说：“是吗？你昨天钓很多啊！”接着他又说：“那你知道我是谁吗？我是这个地方的管理员。这段江上是禁止钓鱼的！”他正拿出罚单。

狄更斯连忙反问：“那么，你知道我是谁吗？我是作家狄更斯，你不能罚我款，因为虚构故事是我的职业。”管理员没有办法，只好让狄更斯走了。

点评

狄更斯用一句机智、巧妙的话语，使自己逃避了处罚。

不吃死苍蝇

著名作家刘绍棠一次在某地演讲，突然有人问道：

“共产党这么伟大，为什么就不能容纳一点点自由化的东西呢？”

听了这话，刘绍棠“呼”地站起来，大声问道：

“你们看我身体怎么样？”

大家见他身材魁梧，红光满面，都说：

“棒！”

这时他说：

“尽管我刘绍棠如此壮实，但是，要让我吃一只死苍蝇，我决不！”

这绝妙的答辩，博得热烈的掌声。

点评

刘绍棠用自己的身体作比喻，说明了共产党与自由化的东西格格不入的道理。

拜　师

一个青年到智者欧底漠斯那里去请教。欧底漠斯为显示自己的本领，一见面他就劈头提出一个问题：“你学习的是已经知道的东西，还是不知道的东西？”青年回答道，学习当然是他不知道的东西。于是，欧底漠斯接着问道：

“你认识字母？”

“认识。”

“所有的字母都认识吗？”

“是的。”

“而教师教你的时候，不正是教你认识字母吗？”

“是的。”

“如果你认识字母，那么教你已经知道的东西了吗？”

“是的。”

“那么，或者你并不在学习，只是那些不认识的人在学习吧？”

“不，我也在学习。”

“那么，如果你认识字母，那你就在学习你已知道的东西了。”

“是的。”

“那么，你最初的回答就不对了。”

这个青年被欧底漠斯弄得昏头昏脑，甘心拜他为师。

点评 ★

欧底漠斯在提问中巧设“时间”概念的陷阱，即“过去”、“将来”都属于“教师教你的时候”这个概念范畴内，他有意混淆，玩弄语词，弄得青年心服口服。

指桑骂槐

南京总督洪承畴审问夏完淳：

“你这小孩，误受叛乱之徒蒙骗，你要是能归顺大清，我保你前途无量！”

“你才是个叛乱之徒！”

夏完淳装作不认识洪承畴，故意高声回答：

“我是大明忠臣，怎能说我反叛？我经常听人谈起我大明‘忠臣’洪承畴先生的事迹，他在关外与清军血战阵亡，名传天下。我虽年幼，说到杀身报国，还不甘心落后于他呢！”

洪承畴一脸涨得通红，无言以对。

洪的幕僚真以为他不认识洪，便上前悄声提醒：

“上座正是洪大人。”

夏完淳趁机大骂：

“胡说，洪大人早已为国捐躯，天下谁人不知？上座这个无耻叛徒是什么东西，竟敢冒名来玷污他的‘忠魂’？”

把洪承畴骂得目瞪口呆，无地自容。

点评 ★

夏完淳假装不认识洪承畴，从而借此宣扬“洪大人”的“忠”，实际上是在痛斥其叛徒行径。

伶官敬新磨

一次，唐庄宗李存勖到中牟县打猎。中牟县令急忙来接驾。只见他跪在庄宗马前，为民请命，希望在打猎时不要践踏农民的庄稼。

庄宗听完大怒，呵斥县令道：“你给我滚远点！”

这时，伶官敬新磨见势不妙，就带领人把县令捉到庄宗面前，斥责

他说：

“你身为县令，难道不知道我们的天子好打猎吗？”

县令低着头说：“知道。”

伶官说：“既然知道，你为什么要放纵你的百姓种田来向皇帝交纳赋税？你为什么不让你的百姓饿着肚子把田让出来给君主打猎？你说，你该当何罪？”

说完，便恳请庄宗杀掉县令。其他伶人也一起唱和道：

“请君王让我们把他杀掉！”

庄宗听后置之一笑，要大家放了县令。

点评

伶官敬新磨知道“此路不通”，巧妙地改用了声东击西、反语劝谏的方法。说话的语气似乎是在责备县令，然而从说话的实际内容来看，又是在批评庄宗的田猎。

以问代答，嫁难于人

有一天，申不害请求韩国国君昭侯封自己的堂兄一个官职，韩昭侯不同意，申不害满脸不高兴。

韩昭侯见到这种情况后，就对申不害说：“这种事情，我没有跟你学过。你是让我接受你的请求，封给你堂兄官职，而抛弃你平时的学说呢，还是推行你平时按功授职的主张，拒绝你任人唯亲的请求呢？你曾经教导我的，和你现在请求我的，我将遵循哪一种做法呢？”

这一番话问得申不害无言以答，狼狈到了极点。

点评

在上面这个例子中，韩昭侯的设问之所以使申不害无言以对，就是由于他使申不害左右为难，进退维谷。因为不管申不害肯定哪种做法，都意味着不是否定自己的学说，就是否定自己的请求，这都与他的意愿相悖，他又怎么能不左右为难呢？

增加俸米

东方朔为汉武帝的一大名臣。一天，他对汉武帝手下的侏儒说：

“你们见了皇上，可磕头求饶，也许能免一死。”

侏儒们果然一齐上殿，叩首大哭。

汉武帝觉得很奇怪，问他们为什么这样。

侏儒们说：

“东方朔说您要把我们全都杀掉！求陛下开恩饶命！”

汉武帝把东方朔叫来，问他为什么要吓唬侏儒们。

东方朔说：

“侏儒们身高三尺，每月要一袋米。我东方朔身高九尺，每月也只有一袋米。侏儒们饱得撑死了，而我东方朔却快要饿死了。”

汉武帝听后大笑，命令给东方朔加薪。

点评

为了达到自己论辩的目的，有时从反面入手，说的是这个，实际指的是其他意义。东方朔正是用的言此意彼的方法。他表面是说要杀掉侏儒，实际上是借此要汉武帝为他增加俸禄。

婕妤避端

班婕妤是西汉时人。一次，赵飞燕在汉成帝前诬陷她曾向鬼神诅咒过成帝。成帝大怒，眼看她就要大祸临头了。

传讯中，婕妤从容回答说："妾闻'生死由命，富贵在天'，修善尚且不能得福，做好事还能得到什么呢？假使鬼神无知，向他们诅咒又有什么好处？假若鬼神有知，他们就不会接受坏人的诉说。因此，我是不会那样做的呀。"成帝听后，颇受感动，遂命婕妤退居后宫，不再追究。

点评 ★

班婕妤运用的是二难攻势，以情动人，巧妙地化解了飞来灾祸。

好心劝告

战国时，魏文侯与田子方饮酒时，文侯谈起音乐来很在行，田子方笑他，文侯问他为什么笑，田子方回答说："我听说，如果国君贤明，那么，便乐于办理政务；如果国君不贤明，那么，便乐于搞音乐。现在你对音乐很在行，我怕你对于政务会不管了。"文侯说："你说得好，我一定虚心接受。"

点评 ★

田子方好心劝告魏文侯不要疏于政务，但他犯了逻辑错误即肯定结果再肯定前提，属于无效推理。

坚定信念

什么都不相信的毕加索夫说："每个人都在谈论自己的信念，还要别人尊重它……呸！"

罗亭："妙极了，那么照您这么说，就没有什么信念这类东西了？"

"没有，根本不存在。"

"您就是这样确信的吗？"

"对！"

"那么，您怎么说没有信念这种东西呢？您自己首先就是一个。"

点评 ★

罗亭运用立论反推，驳倒毕加索夫的观点，越坚信没有什么信念，越有坚定的信念。

赤诚之心

武则天执政时期，有个人得到一块石头，剖开一看，中间是红色的，于是将这块石头献给武则天，说：

"看啊，这块石头中间是赤色的，这块石头对大王也是一片赤诚之心啊！"

大臣李昭德不以为然，反驳道：

"这块石头有赤心，难道其余的石头都谋反了吗？"

点评

李昭德采用包含否定前件的错误形式进行论辩：如果石头有赤心，就是对大王忠，其余石头不是赤心，所以其余石头对大王不忠。这种论辩方法巧妙地驳斥了对方的谬论。

喝干海水

有一次，伊索的主人酒后狂言，发誓要喝干海水，并以他的全部财产作赌注。第二天醒来，发觉失言，懊悔极了。但全城的人早已得知此事，等候海边，想要亲看他怎样喝干海水。主人无奈，只得求助聪明的伊索。伊索给了主人一条锦囊妙计，主人惊喜若狂，急忙奔到海边，对人群高喊：

“不错，我是要喝干整个大海，可我要喝的是海水而不是河水，你们看现在河水不停地流进大海，这就不好办。如果谁能把河水与海水分开，我保证能把大海喝干！”

点评

伊索巧妙地应用“如果能把河水与海水分开，我保证能把大海喝干”这一条件命题，使主人化险为夷，这场打赌便不了了之。

穷与潦倒

一次，庄子身穿粗布补丁的衣服，脚着草绳系住的破鞋，去拜访魏王，魏王见到他后，说：

“先生怎么潦倒到如此地步啊？”

庄子纠正道：

“是穷，不是潦倒，士有道德而不能体现，才是潦倒；衣破草鞋，是贫穷，不是潦倒，此所谓生不逢时也！大王您难道没有见过那腾跃的猿猴吗？如果在高大的楠木上，它们则攀援其枝而往来其上，逍遥自在，即使善射的后羿，逞蒙再世，也无可奈何。可要是在荆棘丛中，它们则只能危行侧视，怵惧而过了，这并非其筋骨变得僵硬不柔灵了，乃是处势不便，不能足够显示它的本领罢了。现在我处在昏君乱相之间而欲不潦倒，怎么可能呢？”

点评

庄子的论辩，采用了讽喻的方法，说得有理有据，不卑不亢。先论辩贫穷与潦倒的关系，暗讽魏王目光短浅，看不到自己满腹才学却英雄无用武之地的潦倒，揭露了昏君乱相的时代特征。论辩颇有大丈夫气概。

不失“威”与“德”

年羹尧是清朝的一位名将。一次出师不利，溃败途中杀死了几个无辜百姓，此后又碰到一个进京赶考的秀才，正要举刀杀他时，见是一白面书生，便怒问道：

“大胆书生，竟敢挡我大将军之道，你说，我是杀你，还是不杀？”

书生坦然答道：

“杀与不杀，只在将军一念，小人不敢断言，但或许将军不会杀我。”

“要是我偏偏要杀你呢？”

“杀我，不失将军之威。”

“不杀你呢？”

“不杀，不失将军之德。”

年羹尧听后，不但未杀，还让部下送了许多银两给书生作盘缠。

点评

人们在遭受挫折时或受到某种委屈时，常常产生一种反常心理，不近人情，捉摸不定。书生的死里逃生，在于他抓住了年羹尧的这种反常心理，无论是“杀”还是“不杀”，都保住了他的“威”与“德”，让他从心理上找到了一种平衡感。

最佳搭档

威廉二世喜欢吹牛。一次出访英国，他声称自己是唯一对英国友善的人，因为有了他，英国才不致被苏俄和法国所糟蹋，英国才打败了南非的波尔人。

他的狂言激起了欧洲各国特别是英国人的气愤，人们强烈要求这位皇帝出来认错并澄清事实。

威廉不愿认错，想让大臣布罗当他的替罪羊。他授意布罗，要布罗宣称那些话是他建议皇帝说的。布罗反对道：

“但是，皇上，没有人相信我会让您说那些话。”

“什么？”威廉一听大为恼火，“你也认为我是一头驴，会犯你所不能犯的错误吗？”

“哪里，陛下，微臣没有资格说刚才那些话，陛下在许多方面的成就，臣都是不敢望其项背的。譬如军事知识、自然科学知识方面，臣听陛下议论过晴雨表、光什么的，而臣在这些方面一无所知。但是陛下，臣正好有些历史知识，这些也许对政治有些用途，尤其是外交政策。”

威廉一听，忘乎所以地说：

“老天，我不是常跟你说吗？咱们是最佳搭档，能互补有无的吗？我们永远在一起，我们会的。”

点评 ★

自尊心人皆有之，满足一个人的自尊心，容易使他变得宽容大度，放弃对别人的攻击。布罗对威廉的论辩之词不多，但却能使皇帝放弃将他变为一只替罪羊，最为关键的因素在于布罗在论辩中巧妙而又得体地满足了威廉二世的自尊心。

竞选总统

阿基诺夫人在同马科斯竞选菲律宾总统时，马科斯讥评阿基诺夫人缺乏经验，说：“女人最合适的场所是在卧房。”阿基诺夫人沉稳地反驳说：“我承认的确没有马科斯那种欺骗、说谎、盗窃或暗杀政敌的经验。我不是独裁者，我不会撒谎，不会舞弊。我虽然没有经验，但我有的是参政的诚意，选民需要的就是一个和马科斯完全不同的领袖。”

最终马科斯竞选失败。

点评 ★

阿基诺夫人面对马科斯不敬的言词攻击，采取了以退为进的辩说，在她温婉质朴、铿锵有力的攻势下，对手也黯然失色。

曹操的马鞍

相传三国时，有一次，曹操手下管理仓库的官吏发现曹操用的马鞍被老鼠咬坏了，心里十分害怕曹操会认为此事不祥而治他死罪。曹冲获悉此事，对这官吏说："你别怕，我有办法，你过三天就到曹操面前自首，我保管你没事。"曹冲说完，故意把自己的衣服戳破，就像被老鼠咬坏的样子，然后满脸忧愁地跑到曹操跟前。曹操见状，忙问其故，曹冲说："人们都说衣服被老鼠咬破是衣服主人不祥的征兆，现在我的衣服被老鼠咬了，愁死人了。"曹操忙劝慰说："这全是无稽之谈，何用发愁呢？没事！"后来官吏带上被老鼠咬坏的鞍来向曹操请罪，他只能一笑了之，从而官吏幸免于罪。

点评 ★

曹冲有意戳破衣服，诱曹操上当，目的只在让曹操说出衣服被鼠咬破，不算不祥之兆，并以此为前提，推及到官吏身上，使曹操不得不宽恕了官吏。

进退维谷

在泰国，有一个叫西特努赛的人，在皇宫做官，一天，上朝之前，他对每个官员说："我可以洞察你们的内心，你们心里想的什么，我全都知道。不信咱们打赌！"连皇帝也认为西特努赛输定了。打赌开始后，西特努赛不紧不慢地高声说："在座的诸位大人心里想的什么，我十分清楚。诸位想的是：我的思想十分坚定，我一生都要忠于皇上，永远不会背叛、谋反。诸位大人是不是这样想的？哪位不是，请立即站出来！"官员们听后，张口结舌，没人敢站出来，只得认输。

点评 ★

西特努赛恰当地抓住官员们不敢当面说出对皇上的不忠，预设二难选择，使官员们陷入进退维谷的处境。

接手差班

某校对一个年级重新编班。不巧的是，有一个班在重编后成了差生班，班里有好几个"刺头"，谁也不愿意做这个班主任。

校领导无奈之下，硬安了一个老师，对他做工作道：

"班分得不好，也没法重分了。差生多，调皮生也多，这确实会影响纪律，影响总体成绩，更影响班级荣誉。弄不好别人还会说班主任没本领，带不好班。你教书，管理有一套经验，我们才决定选你担此重任。你去年送走的班级刚接的时候不也是差班吗？最后哪方面比别班弱了？事实却相反，临走时学生围着你哭成了一团，个个都舍不得离开你。这个班你就应承下来吧，学生的家长会感激你，我们也感激你为学校解决了这个老大难。"结果，那位老师不便推辞，接受了新的班级。

点评 ★

抓住人们普遍存在的被理解、被欣赏的心理，特意称赞对方的长处，以断其后路，达到自己的目的。校领导不打官腔，不摆架子，只是和那位老师谈心，并对那位老师的业绩做了充分的肯定。

反守为攻

前苏联代表维辛斯基在联合国发表演说中，抨击西方国家代表的发言。荷兰代表中途插话，指出维辛斯基讲话中的一处错误，企图贬低维辛斯基的发言。此时沉稳的维辛斯基并未回避自己的这一失误，立即有礼貌地向那位荷兰代表致谢，并趁势补充道："既然你到现在才指出我的错误，这说明你认为我前面的话都没有错误。"此时，荷兰代表满脸涨红。

点评 ★

荷兰代表的蓄意发难，维辛斯基沉着冷静接过话题，引申发挥，反守为攻，摆脱了被动处境。

一语惊人

相传禅宗王祖弘忍在传授衣钵之前，要众弟子写偈语，他的得意弟子神秀写的一张偈语是：

"身是菩提树，心如明镜台。

时时勤拂拭，勿使惹尘埃。"

悟道可见很高，不料，寺中一扫地僧人又贴出一张偈语，满座皆惊，弘忍当即将衣钵传与，这便是后来光大禅宗的六祖慧能，慧能没有在神秀原来的问题上纠缠，而是另辟蹊径，他的偈语是这样写的：

"菩提本无树，明镜亦非台。

本来无一物，何处惹尘埃？”

这样便超越了神秀的思路，完成了有相到无相的巨大飞跃，从而达到了四大皆空的最高境界。

点评

论辩中的超对抗心理是更高层次的对抗，它的实质即在超越对错、超越成败、超越平等关系的基础上对对方进行指点和分析。但是超对抗不是不对抗，而是指在超对抗的心理状态下，能做到想人之所不想，备人之所不备，出其不意，一招制胜。慧能正是运用了这种方法。

潮涨潮落

清末的陈树屏机智善辩。他做江复知县的时候，著名大臣张之洞在湖北做督抚。

一天，陈树屏在黄鹤楼宴请张之洞等人，不想与张之洞关系不合的抚军谭继询也在座。座客中有人谈到江面宽窄问题，于是引发了张谭二人的一场论辩。

谭继续说：

“江面水宽为5里3分。”

“不，应该是7里3分。”张之洞故意唱反调。

结果双方争执不下，都不肯丢自己的面子。

陈树屏知道他们是故意借题发挥，为了不使宴会煞风景，扫了众人的兴，于是灵机一动，从容不迫地拱拱手，言辞谦和地说：

“江面水涨就宽到7里3分，而水落就是5里3分。张督抚指涨潮而言，而抚军大人是指落潮而言，两位大人都没说错，这有何可怀疑的呢？”

众人一听，拍手大笑，张谭二人也停止了争论。

点评

论辩中的命题是我们对事物和事物之间联系作出的判断，这个判断必须能如实地反映事物的矛盾、运动和发展。

陈树屏根据江水不是凝固不变的事实，正确把握了客观事物的内在矛盾和发展变化，从而做出了一个恰当的命题，平息了宴会上不和的争吵，博得了人们的喝彩。

苦海在哪

韩渐逵问王若飞：

“我送给你的佛经看过了吗？”

王：“看过了，早就读熟了。”

韩：“有什么心得？”

王：“很有收获。”

韩：“是啊，苦海无边，回头是岸，快跳出苦海吧！”

王：“不但我要跳出苦海，而且还要引导大伙跳出苦海呢！你说好不好？”

韩：“那太好了，妙极了！真是佛法无边，金石为开。阿弥陀佛！”

王：“不过，你知道苦海在哪里吗？”

韩被问蒙了。

王：“苦海就在你的脚下。苦海就是无止境的剥削，就是国民党的反动统治，就是你们的监狱、刑场、法庭，和你们所有的罪行。我们一定要填平你们造成的苦海，把人民带到幸福的世界！”

韩："……"

点评

王若飞对苦海作出恰当的解释，给对方沉重一击，使对方目瞪口呆。

沉默是金

一印刷商得知一家公司想要购买他的一台旧印刷机。他决定以200万元出售，且想好了商谈的理由。

他一再叮嘱自己，要沉住气。

刚开始，买主滔滔不绝地对机器进行挑剔。后来，买主见印刷商一语不发，只是淡淡地一笑，终于沉不住气，从心理上败下阵来，说：

"这样吧！我出300万元，但一个子儿也不能多给了。"

印刷商欣喜若狂。

点评

印刷商巧妙地运用"沉默是金"这一心理战术，战胜了买主，达到了目的。

好玩与否

一位母亲带着她的两个小孩来到公园。公园里开着玫瑰花，两个小孩看见了，回来告诉妈妈。

弟弟嘟着小嘴说：

“妈妈，这里所有的花都开在刺丛上，一点都不好玩！”

哥哥却兴高采烈地说：

“不！妈妈，这里所有的刺丛上都开着好看的花，这个地方真好玩！”

点评

针对同一事物，哥哥变换语序，得出了与弟弟尖锐对立的结论。

阿里山瓜子

一天，何某携妻子买“阿里山瓜子”。在挑好瓜子刚要付钱时妻子发现瓜子变质了且有霉味。

于是，何某向服务员提出：

“小姐，这瓜子好像有霉味，能不能换一种？”

服务员爱理不理，跷起二郎腿说：

“嘿，没听说过，正宗的阿里山瓜子还会有霉味，你睁大眼睛瞧清楚！”

其妻见对方态度傲慢，刚想发作，何某为息事宁人，忙说：

“算了，我们不买了。”

想不到，服务员一听，顿时翻脸：

“不买？称好了想不买？是买不起吧？哼，掏不起6元钱，就想吃阿里山瓜子？”

这时，围观的人越来越多，其妻脸上非常尴尬。何这时突然问：

“你知道阿里山在什么地方吗？”

服务员小姐愣了，呆在那里不知所措，何某又接着说：

“只有到阿里山去，那里才有正宗的阿里山瓜子，可见你的瓜子不是正宗的。”

服务员一听这话反应不过来，于是何某携妻迅速撤出这个是非之地。

点评

一个人的论辩，语言形式重要，论辩思维更加重要。只有论辩思维清晰了、敏捷了，相应的语言反应才会迅速。何某知道服务员在进行诡辩，但他反应快，抓住了取胜的关键，一句“阿里山在什么地方？”让服务员不知所措，从而出其不意地抢占了论辩的制高点，而后居高临下轻松取胜。

有决胜把握

蒋介石说：“要知道政府今天在军事、政治、经济无论哪一方面的力量，都要超过共产党几倍乃至几十倍。”

哎呀呀，这么大的力量怎么会不叫人们吓得要死呢？姑且把政治经济两方面的力量放在一边不去说它，单就“军事力量”一方面来说，人民解放军现在有三百多万人，十倍就是三千多万人，“几十倍”是多少呢？姑且算作二十倍吧，就有六千多万人，无怪蒋总统要说“有决胜的把握”了。

点评

先大退一步，给你面子，接下来打出我的底牌，给出人民解放军“三百多万人”才是确切数字，用“几倍乃至几十倍”导出蒋介石几千万军队的荒唐结论。这是毛泽东主席的逻辑思辨，这是毛泽东主席的方法：以退为进再归谬。

欲擒故纵

田骈是齐国的辨士，他标榜自己不愿做官，以此自命清高。其实，他有大批仆从，那派头与做大官的并无差别。一天，他正与门客在花园里对弈，此时一个齐国人求见。这个齐国人先对田骈赞扬一番，表示对他不肯入朝的骨气极为钦佩，又表示自己愿为这样一个清廉的人做小仆。田骈被齐人说得狂兴不禁，问道：

“你是从哪里听说我不做官的主张的？”

“听我隔壁的女人说的。”

“她也知道我？”

“不但知道，而且还说您是她的楷模呢！”

“她是什么人？”田骈更感兴趣地问。

“她是个洁身自好的人，早就发誓永远不嫁人。可是今年三十岁，却生过七个儿子。她虽没出嫁，可比出嫁的人还会生儿子，如今您也常说最讨厌做官，可是府上食禄千种，徒役数百。这气派、势力比那做官的官气还要大呢。”

田骈羞得满面通红，拂袖而去。

点评

齐国人采用“欲取先予，欲擒故纵”的方法，在田骈忘乎所以、得意之时，通过一个例子，一下子撕开其虚伪面具，使田骈的实质暴露无遗。

题　扇

有位书法家给慈禧太后题扇，写王之涣的诗："黄河远上白云间，一片孤城万仞山。羌笛何须怨杨柳，春风不度玉门关。"不料，一时疏忽少写了一个"间"字，慈禧见后大怒，认为书法家欺她没学问，便要问罪。

书法家急中生智，忙念道："太后息怒！这乃是我用王之涣的诗意填写的词啊！黄河远上，白云一片，孤城万仞山。羌笛何须怨？杨柳春风，不度玉门关。"慈禧这才转怒为喜。

点评 ★

书法家一时疏忽，使自己陷入治罪的处境，但他能从容镇定，运用机巧应变的方法，摆脱制裁。

戴公信佛

民国时，考试院院长戴季陶要在广汉建私邸，建筑师把一位老秀才的三间破屋也划入内，使他陷入困境。

戴公信佛。于是，老秀才给戴公写了一封信："戴公传贤院长大人钧鉴：迩闻我公于梓里举建华堂，为广汉古城增色，不胜欣喜。然而动土露去敝舍柴屋三间，本应理当奉献大人。此房历来风水败逆，贻误子孙繁衍。如此不毛之地，今我公改建花园，未免魑魅魍魉作怪，不利长居久安……"

戴公见信后，立即把三间屋归还主人。

点评

老秀才利用戴公信佛的心理，明则说风水不好，会闹鬼，这全是为戴公着想；实则是保全三间屋宅。

君臣不分梨（离）

一次，乾隆微服私访，纪晓岚伴驾，走得口干舌燥，路见一棵梨树，纪晓岚摘下一个便自己先吃了。乾隆生气地责问："孔融四岁能让梨，爱卿得梨为何不让，自己便吃了？"

纪晓岚辩解说："梨肴离也，臣奉命伴驾，不敢让梨。"乾隆又说："那咱俩分吃了也好。"纪晓岚又说："哪敢与君分梨（离）呢？"

点评

纪晓岚巧用谐音，趣解词语，为自己失礼行为作了趣味性的辩解。

蔡锷巧回太守

蔡锷小时候口才敏捷。一天，他和几个朋友放风筝，没料风筝断了线。风筝落进了太守府内，被府内的人拿去了。朋友们都不敢进府讨要，唯独蔡锷上府内，太守心中不悦，斥责孩子贪玩，不好好读书。蔡锷说："孔圣人还教门徒驾车骑射，童生读书之余，放放风筝又何妨？"太守觉得蔡锷语言流利，胆识过人，就令人把风筝还给了蔡锷。

点评

蔡锷顺势接过太守的话，驳得太守无言斥责，即使不悦也只得“礼让”。

爱情苹果

一位画家创造了一幅以《圣经》故事为题材的油画——《原罪》，很想听到著名评论家格贝里的意见。格贝里仔仔细细看了很久，突然说了一句话：

“苹果画得不对！”

“怎么不对？”画家感到很奇怪，又连声问道，“为什么不对？”

“画中夏娃给亚当的那只苹果的品种是80年前才培育出来的。”

点评

评论家含蓄委婉的指出了画家的不足，使对方容易接受。

发　难

清代有个叫毕秋帆的人，喜欢发难人来取乐。一天，他与一位老僧发生了一场辩论：

“《法华经》可曾读过？”

“读过的。”老僧微笑作答。

“请问方丈，一部《法华经》有多少个阿弥陀佛？”

老僧略一思忖，答道：“荒庵老衲，学识浅薄，大人是天上的文曲星，造福全陕，自有夙悟。不知一部《四书》有多少个子曰？”

毕秋帆听后，半晌不语，只得强笑掩窘。

点评

老僧面对毕秋帆的钻牛角尖的怪问，巧妙地设置了一个类似的难题反推给对方。以问制问，使自己脱窘，又发难给对方。

白头翁

诸葛恪是诸葛瑾的长子，自幼善辩，一日，一只白头翁停歇殿前，孙权问：“这是什么鸟？”诸葛恪回答：“白头翁。”张昭年最长，以为恪拿鸟取笑他，便挑拨说：

“恪欺陛下，没听说过有鸟叫白头翁的，你能找出白头母来吗？”

白头翁本指鸟的名称并非指其性别，张昭有意责问，对此，诸葛恪从容答道：“有鸟叫鹦母，请你找出鹦父吧！”

点评

面对张昭荒唐的怪问，诸葛恪同样采用奇怪的语句给予回答，以谬制谬，怪问怪答，回敬自然、有力，充分展现了诸葛恪灵巧的应变能力。

拷　红

《西厢记》中有一段红娘与老夫人的精彩地论辩。

红娘说：“事情跟张生、小姐不相干，是老夫人的过错。”

夫人："你这贱人反倒把我拉进去，怎么是我的过错！"

红娘："守信用，是做人的根本。一个人不守信用，是最不允许的。当时匪兵围住普救寺，夫人您许下诺言：能够退贼兵的，就把女儿嫁给他，张生要不是倾慕小姐的美貌，凭什么无缘无故地出谋献策？夫人在贼退兵之后，身安无事，却毁掉以前的许诺，难道不算失信吗？既然不答应人家的婚事，也应酬以重金，叫他离开这儿远走高飞，却不应该留张生在书院，互相近在咫尺，使怨女旷夫互相眉来眼去，因此生出这件事来。夫人您如果不遮盖这件事，一来辱没相国家的名声，二来使张生施恩反受侮辱，三来告到官府，夫人首先要有个治家不严的罪名。依红娘的拙见，不如宽恕他们，成全他们的终身大事，实在是长远的妥当的办法。"

老夫人听后，只得妥协退让。

点评

红娘在不利的情形下，沉着应对，找到突破口，在"守信用"上做文章，使自己由被动变主动，使老夫人无言应对。

总统的支持者

克林顿在竞选演讲时，台下传来了不协调的声音：

"不要相信他的话！"

"克林顿滚回去！"

起初他对此并不介意，而是继续视而不见，听而不闻。

忽然，他以神秘的表情，压低声音告诉大家：

"我们的总统也常求助于这骂人的狂呼。你们看到总统的那群支持者了吗？他们是不想让我说下去。因为他们深深地感觉到，我已经击中了他

们的要害。”

点评

面对反对分子的言行，克林顿镇定自若。他就地取材，借用反对分子的话题，接着说下去，用以反击对方，从而收到了较有利的效果，维护了自己的立场。反对分子的行为反而成为克林顿攻击竞选对手的武器，这样一来，他的演说就击中了要害。

还以颜色

一次外贸谈判中，中方外贸代表拒绝了一位红头发的西方外商的无理要求。

谁知这家伙恼羞成怒，竟然出口伤人：

“代表先生，我看你皮肤发黄，大概是营养不良造成你思维紊乱吧？”

中方代表立即反击道：

“阁下，我既不会因为你皮肤是白色的，就说你严重失血，造成你思维紊乱；也不会因为你的头发是红色的，就说你吸干了他人的血，造成你头脑发昏。”

点评

我方代表在对方进行人身攻击、蛮横无理的情况下，使用故作否定的辩论术，针锋相对地反击了对方的挑衅，维护了我方的人格尊严。

谁造的房子

俄国十月革命刚刚胜利时，农民纷纷要求烧掉沙皇住过的宫殿。列宁亲自出面做工作，对农民说：

“沙皇住的房子是谁造的？”

农民说：

“是我们造的。”

列宁又问：

“我们自己造的房子，不让沙皇住，让我们自己的代表住好不好？”

农民齐声回答：“好！”

列宁再问：

“那么这房子还要不要烧呢？”

农民觉得列宁讲得有理，同意不烧房子了。

点评 ★

列宁以简洁的话语、严谨的逻辑，用无可辩驳的逻辑力量，使农民从道理上服了，从而促成了农民情感表达方式的转换，由坚决要烧房子转而心甘情愿地同意不烧房子了。我们从中可以看出列宁在说服别人时那超凡的雄辩魅力以及卓越的智慧。

总统谈农业垦殖问题

与胡佛同坐一车厢的记者想探听这位政界要人的言论，但他想尽办法，这位总统竞选人始终一言不发。

这时，车窗外出现了一片新开垦的土地。记者灵机一动，说道：

“想不到这里还是用锄头开垦土地呢！”

“胡说！”

坐在一旁沉默得有些可怕的胡佛突然开口了：

“这里早就用现代化的方法来代替那种乱垦滥伐了！”

接着，他便大谈起垦殖问题来。

结果，这位记者满载而归。

点评 ★

在记者百问不得其答的情况下，火车窗外出现的景物使记者急中生智，故意装笨卖傻，以“愚”来引诱坐在身边的胡佛的话题。能使竞选总统候选人激发谈论美国农业问题的兴趣，全凭这位记者采取的以“愚”愚人的方法来触动对方的心。可谓高明至极！

迪特与顾客

一顾客对迪特说再也不想买迪特公司的东西了，并且欠迪特的钱也不再还，满肚子的牢骚。

迪特耐心地听完这位顾客说的话，然后对他说：

“非常感谢你告诉我这件事。我会把你欠的账一笔勾销。因为你是一位非常细心的人，只有一份账目要管，而我们的职员则要照顾好几千个账目。比起他们来，你不太可能出错。既然你不再向我们买毛料，我可以向你推荐一些其他的毛料公司。”

结果，顾客又签下了一大笔订单。

点评 ……★

面对顾客的怒火，迪特并未与他针锋相对，而是诚心相待。首先感谢他对公司的意见，继而赞扬他的细心和善于发现问题，最后还主动向顾客推荐另一家公司。顾客最后被征服了。可见，以诚待人会收到意想不到的结果。

真与假

苏格拉底与柏拉图就当时人们关心的问题进行了公开辩论。

他们各自据理力争，互不相让。

这时，柏拉图急了，对着听众大声宣布：

“你们一句也不要相信，苏格拉底的话全部都是假的！”

苏格拉底微微一笑，说道：

“请你们相信柏拉图，他刚才说的这句话是真话！”

点评 ……★

苏格拉底讲的“柏拉图讲真话”实际上成了柏拉图讲假话。苏格拉底巧用悖论，使得柏拉图无法摆脱说假话的困境。

鸟的佛性

一位姓崔的书生，一日，在寺庙里看见一只鸟在佛像头上拉屎，便故意问这个寺庙的大师："这鸟有佛性吗？"大师肯定地说："有佛性。"

这位崔书生又问："既然鸟有佛性，为什么还在佛像上拉屎？"大师反问道："它为什么不在鹞子头上拉屎？"

点评 ★

大师的反诘，轻松，巧妙地闪避了书生的问题，他的回答，言简意赅，无须更多的争辩。

忘了生日

1980年8月21日，意大利女记者法拉奇访问邓小平。

邓：我的生日？我的生日是明天吗？

法：不错，邓先生，我从你的传记中得知的。

邓：既然你这样说，就算是吧！我从来不知道什么时候是我的生日。就算明天是我的生日，你也不应祝贺啊！我已经76岁了。76岁是衰退的年龄啦！

法：邓先生，我父亲也是76岁了。如果我对他说那是一个衰退的年龄，他会给我一巴掌呢！

邓：他做得对。你不会这样对你父亲说的，是吗？

访问在融洽的气氛中展开。

点评

法拉奇访问邓小平的成功之处，最突出地表现在提问上，往往能在不同情况下根据不同访问对象采取恰当的提问，巧妙地打开话匣子，进而将访问引入正题。这样一来，恰到好处，水到渠成。

田文巧言说父亲

齐国宰相薛公田婴生一儿子，取名田文。由于是5月5日出生的，被视为不吉利，田婴要妻子把田文丢弃算了，但妻子不忍，偷偷地将田文养了起来。

一天，田婴看到了田文，就责怪妻子为什么不听话。这都被田文知道了，田文倔强地向父亲反问道："父亲大人，您为什么不让养5月5日出生的孩子？"

田婴说："5月5日出生的孩子，会长到大门那么高，将来对我们父亲不利！"

田文又问父亲："人的命运是由天支配的呢，还是由大门支配的？"

"这……这……"父亲无语。

田文接着说："人的命运，如果由天支配的话，父亲何必忧愁呢？如果由大门支配的话，可以把大门开高些，谁能长得那么高呢？"

点评

田文巧用二难推理驳回父亲的无理行为。"如果人的命运由天支配，那么人永远不可能长得跟天一样高，自然不必担心；如果人的命运由门决定，那么把门开得高些，人就不可能顶着门了，那也就不必担心了。总

之，无论命运是由天决定还是由门决定，都不用担心。”父亲只得哑言。

审　案

一次，有两个人一起来见法官。其中一个人说另一个人欠他许多黄金。另一个人硬不承认，坚持说：“我是第一次见他，从来没有借过他的钱。”

“你要他还的黄金，当时是在什么地方给他的？”法官问原告。

“在离城不远的大树下。”原告说。

“你再去一趟，把那棵树上的叶子带两片回来，我要把它们作证人审，它们会说实情。”法官提出这样的怪建议。

原告照法官的建议去做了。法官把被告落在一旁，去审别的案子。突然法官向被告说：“他现在走到那棵树没有？”

“依我看，还有一段路。”被告不假思索地回答。

“既然你没跟他去过那儿，你怎么会知道还有一段路呢？”法官严肃起来。

被告这才知道露了嘴，只好认罪。

点评

法官故意把被告冷在一旁，将他思想松懈后，猝不及防时说出实情。法官紧抓被告的供词前后矛盾，乘胜追问，迫使被告承认罪行。

未来之事

《墨子·鲁问》中记载了墨子与彭轻生子的一段辩论：

彭轻生子说："以往的事是可以知道的，未经过的今后的事是不可能知道的。"

墨子反驳道："假如你的亲人在百里之外遭遇不幸，只有一天的时间，你到了，就能活，不到，就会死，现有好马快车和劣马破车，你将选乘哪个？"

彭轻生子答道："乘好马快车，可以早到。"

墨子说："这怎么能说未来之事不可知呢？"

点评 ★

墨子巧用假设，进行合理的假定说明，反驳了对方的前提的论点。

无神论者

南北朝无神论者范缜曾任宜都太守。当时街市上卖香火的特别多。范缜将香火贩集中在一起，问道："你们卖香火，说说香火有何用处。"

商贩答："这烧香是上至皇帝下至庶民的大事，烧香可以托神佛之福，升官发财，招财纳福……"

范缜说："烧香既可以招财纳福，你们把香火卖给别人，岂不太傻了吗？今天还是让你们发一次大财吧！"

说完便下令把香火集中起来，全部烧掉了，此后宜都无人敢卖香纸。

点评

范缜运用的是一种肯定前提中的条件命题，即烧香可以招财纳福，得出了肯定的结论：你们把香纸烧了，你们可以招财纳福，他的论证逻辑严密，无懈可击，商贩只好乖乖认命。

阿凡提与巴依作对

有一位自作聪明的巴依为了报复，雇阿凡提为长工。一天，巴依和老婆下棋，把阿凡提叫到跟前，说："阿凡提，大家都说你聪明，那你就来猜猜我们这一盘棋的输赢吧。猜对了，我给你一个元宝，猜错了，我打你二十皮鞭。"阿凡提答应了，当场铺开了一张纸，写道：

"你赢她输。"

巴依看在眼里，故意把棋输给了老婆。他得意地对阿凡提道："你输了，该打二十皮鞭！"

"慢，老爷，我猜对了！"说完，阿凡提念道，"你赢她？输！"这句话表达的是巴依输，老婆赢，巴依无话可说。但狡猾的巴依说："不行，再猜一盘才算！"阿凡提又答应了。这一盘，巴依赢了老婆。阿凡提打开纸一念：

"你赢，她输！"

巴依又没话说了，他又没有打成阿凡提。"不，再猜一盘！这次你要是猜得对，我就一定把元宝赏你；你猜错了，就别怪我手下无情了！"阿凡提说："可以，不过这回你说话可得算数了。"

这一盘，巴依与老婆故意下了和棋。阿凡提又打开纸念道："你赢？

她输？”

这次阿凡提不肯定谁赢谁输，自然是和了。巴依的诡计又落空了。

点评 ★

阿凡提妙用语调，使“你赢她输”这个语句产生不同的表达效果，制服了狡猾的巴依。

不花钱买的两匹马

有个商贩在集市上卖马，每匹马要价 500 块钱。他吹嘘道：“我是个养马能手，我驯的马跑起来四蹄腾空，快如闪电，无论跟什么马比赛，我的马总是得胜。如果试下来不是这样，我愿意倒贴 500 块钱！”

一个驭手经过这里，听了他的话，接口说：“你的马真是太好了，我要买下来，不过你得先给两匹，试试它的脚力。”

“行！行！”商贩满口答应，驭手把两匹马牵走了。

过了一会儿，商贩找到了驭手，要他支付两匹马的价钱。驭手说：“我已经给你结了账，一分钱也不欠你了！”

商贩一听，急起来了，说：“买一匹马是 500 块钱，两匹马是 1000 块钱，你分文未给，怎么说不欠我的钱了呢？”

“有意思！”驭手撇撇嘴说，“我让你的两匹马比试一下，结果一匹在前，一匹在后。在前面的我应付给你 500 块钱，在后面的你应倒贴我 500 块钱。这样一来一去，我们的账不就算清了吗？我还欠你什么钱呢？”

商贩目瞪口呆，答不上话来。

点评 ★

驭手抓住商贩话中的矛盾，用自己严谨的话反驳了商贩，让对方无懈可击。

阔太太和哈巴狗是一对

阔太太为了寻开心，要三毛对她养的哈巴狗喊爸，并说：“喊 1 声，给你 1 块大洋；喊 10 声，就给 10 块大洋！”三毛明知这是对他人格的污辱，但他略加思索后，就躬下身去，一边抚摸着狗毛，一边接连喊了 10 声“爸”，这可把那妖里妖气的阔太太乐坏了。她那寻开心的心理得到满足后，真的赏了 10 块大洋给三毛。正当她笑得陶然大醉之际，三毛当着一群赶来看热闹的人，故意提高嗓门，拉长声音向阔太太喊道：“谢谢你的大洋了，妈——！”

点评

三毛选准对方正得意忘形、陶然大醉这一时机，突然出击，令对方猝然不防，陷入窘境。

不敢不乐

古时候，有个徐昌谷的人，在郊外乱坟岗上建了一座别墅。

每当夜幕降临，阴风阵阵，令人胆战心惊；点点萤火飘忽于乱坟之间，令人不寒而栗。

朋友见状，不禁说道：

“你住在这里，每天见此情景，心中肯定不快乐！”

徐昌谷却反驳说：

“你说得不对，我每天见此乱坟，却恰恰使我不敢不乐！”

点评

徐昌谷联想到人生有限，得出要珍惜人生、享受人生的结论，与朋友得出使人心中不乐的结论完全相反，从而显示出他坦荡的胸怀和豁达的气度。

金蝉脱壳

爱因斯坦经常坐小汽车去各大学讲课。一次在去讲课途中，司机对他说：“博士，我听过你的课大概有三十次了，已经记得很清楚了，我敢说，这相对论课我也能上哩！”

“那好，我给你这个机会，现在我们要去的学校，哪里的人都不认识我。到了学校，我就充当司机，你就可以去讲课了。”

司机准确无误地讲完了课。正当他准备离开时，一位教授请他解释一个复杂的问题。司机灵机一动，说：“这个问题实在太简单了。好吧，为了让你明白它有多么容易，让我的司机为您解释吧！”

点评

司机巧妙地转移话题，在不为人察觉地情况下摆脱了窘境，回避了教授提出的复杂问题。

“优惠”的刺激

一位老先生特别喜欢吃对虾，站在柜台前看了又看，问：

“多少钱一斤？”

售货员不客气地说：

“问啥？你买不起！”

老先生耐住性子问：

“今天不是优惠吗？”

“优惠也要 40 元一斤，你买得起吗？”

老先生耐不住了，脸涨得通红，大声说：

“你给我称 2 斤！”

点评

老先生急不过售货员，到底钻进了售货员预先撒下的网。从反面看，在商谈中我们应该在顾及自己的利益下，尽量使对方获得满意，这是商谈成功的要件之一。售货员施行的推销术成功了，但是并不圆满。

馒头投毒案

清末，发生过一件馒头投毒案。主审官邓廷桢认为这是重大杀人案，须谨慎。

庭审时，邓问：“你一天能卖多少个馒头？”

“三四百个。”

“一个人大约买几个馒头？”

“三四个。”

“那你每天要接待百十个买主，是吗？”

“是的。”卖馒头的据实回答。

“每个买馒头的，你都问他姓名，认识他的面貌吗？”

“不，小的只管做买卖，不问买者姓名。”

“那么，你怎么知道郑魁的姓名呢？”

“……”卖馒头的无言以对。

“怎么记住了他的相貌？”

“……”卖馒头的张口结舌。

“他买馒头的日期，你怎么记得那么清楚呢？”

“大胆刁民，还不从实招来！”邓廷桢呵叱道。

卖馒头的满头大汗，供认罪行。

点评 ★

主审官使用投石探路的方法，让罪犯在不知不觉中露马脚。他的每一次投石都是给对方设下陷阱，使对方道出想要了解的事情。

朋友的礼物

古时候，有一个打猎人的朋友，给某老人送来一只兔子。老人很高兴，就用这只兔子做成菜，请打猎人的朋友吃。

一个星期后，有五六个人来找老人，自称是“送兔子那人的朋友”，老人就拿出兔子汤招待了他们。

又过了一个星期，又来了八九个人，说：

"我们是送给您兔子那人的朋友的朋友。"老人就给他们端来一碗泥水。客人们十分诧异，问是什么。老人说：

"这就是我那位朋友送来兔子的汤的汤。"

点评 ★

老人以其人之道还治其人之身，用"朋友送来的兔子的汤的汤"来类比"送兔子人的朋友的朋友"，巧妙地揭露了传递性的"推理"搞诡辩。

盗马贼

据说，美国总统华盛顿年轻时被人偷去一匹马，他同警官到那人的农场去索讨。农场主声称马是他自己的，拒不归还，华盛顿一皱眉头，他用双手蒙住马的双眼，问道：

"如果马是你的，那么请你告诉我们，马的哪只眼睛是瞎的？"

"右眼。"

华盛顿放开蒙右眼的手，马的右眼并不瞎。

"我说错了，马的左眼才是瞎的。"那人急忙辩解道。

华盛顿放开蒙左眼的手，左眼也不瞎。

"我又说错了。"那人狡辩说。

"是的，你是错了。"警官说，"这证明马确实是华盛顿先生的。"

点评 ★

华盛顿给对方设置了一个复杂问句，紧紧追问，弄得农场主方寸大乱，一错再错，乖乖地露出破绽。

竞选总统

1860 年，林肯参加总统竞选，他的对手是大富翁道格拉斯。道格拉斯租用了一辆豪华富丽的竞选列车，车后安放了一尊大炮，每到一站，就鸣炮 30 响，加上乐队奏乐，声势浩大。道格拉斯洋洋自得地说："我要让林肯这个乡巴佬闻闻我的贵族气息。"

面对此情此景，林肯毫不畏惧，照样买票乘车，每到一站，就登上朋友们为他准备的耕田用的马车，发表演说。他说："有人写信问我有多少财产。我有一个妻子和三个儿子，都是无价宝。此外，还租有一间办公室，室内有一张办公桌，三把椅子，墙角还有一个大书架，架上的书值得每人一读。我本人既穷又瘦，脸蛋很长，不会发福。我实在没什么可依靠的，唯一可以依靠的就是你们。"

结果林肯当选美国总统。

点评

林肯巧妙地运用了心理认同的方法，拉近了与公众的距离，使演说更有人情味，赢得了公众的支持。

"牛"不起来

一位小伙子在柜台前买东西，来了一位愣小子，在他肩膀上狠狠地拍了一下道：

“老牛，你这家伙……”

话没说完就停住了，原来他认错了人。

小伙子并未发火，只见他揉揉肩膀，不紧不慢地说：

“你小子胆子不小，我要真是‘老牛’，看我不在你身上顶两个透明的窟窿才怪呢？”

毛头小子笑了，双方尴尬一扫而光。

点评

小伙子以巧妙的辩说，使双方摆脱了窘态，显示了小伙子的大度与风趣。

只放她的假

甲：昨天你为什么只值了半天班？

乙：上午是她和我一起上的班，所以，下午我们就出去买结婚用品了。一个人的事儿由两个人做就能快一倍，这可是您说的啊！

甲：你们何时结婚？

乙：下月 8 号。

甲：我给她 20 天婚假。

乙：谢谢！到底是老朋友，当了领导也没变！不过婚假本是 10 天，会不会……

甲：没关系，你就没婚假了。

乙：什么？

甲：两个人的事儿由一个人做就慢一倍，所以我给了她 20 天假。

点评 ★

从小的方面显示了辩说对于促进交际的作用。甲通过辩说，避免了双方的问题，这样就既指出了对方的错误所在，同时又维持了双方和谐的友谊。

换　伞

在某商店里，某人受他人之托去柜台上要求换一把伞。

售货员问："他什么时候买的？"

"昨天下午三点左右。"

"为什么要换？"

"这把伞直径小了些，想买把大些的。"

售货员又问："用过吗？"

"他说没有用过。"

"不，肯定用过。"

"为什么？"他不解地问道。

"昨天下午三点，正下着大雨，买伞的人特别多，都是急着用，买了伞，走时，不可能不用。"

点评 ★

售货员有意地把可能用过当成一定用过，可能性当成必然性，维护了自己的利益。

冒牌记者

审讯员审问冒牌记者。

审：你是干什么的？

冒：某报记者。

审：你当了很久记者吗？

冒：是的。

审：那一定写了不少报道吧？

冒：当然。

审：请指出你最近发表的一篇文章。

冒：这……

审：看来你是个冒牌货。

冒：（汗颜，无言以对）

点评

审讯员针对冒牌记者的无理，设好圈套，诱敌深入，结果以其人之道，还治其人之身，制服了冒牌记者。

无声的语言

楚相孙叔敖死后，子孙贫穷而寂寥，门庭冷落。有个伶人听说后，以为楚王亏待了功臣之后，于是穿上孙叔敖在世时穿的衣服，挎上他的宝剑，穷困潦倒的样子，在楚王面前走来走去。楚王问："孙叔敖复活了吗？"某大臣答道："没有复活。""那么他是谁呢？""他是伶人优孟扮演的。""他扮演孙叔敖潦倒的样子干什么？""同情孙叔敖有功于楚，却其身后贫穷落寞。"于是楚王感到羞愧，厚赠其子孙。

点评 ★

优孟用肢体语言来向楚王传递信息，表达情感，刺激触动楚王，使其厚待孙叔敖的子孙。

戒 酒

一位演讲者劝告大家戒酒，为了使劝告有说服力，他忽发奇想，问道："诸位，如果我面前放着一桶水和一桶酒，这时来了一头驴，它会喝哪一桶？"听众答道："当然喝水！"演讲者追问道："为什么喝水？"有些听众在大声回答说："因为驴子是愚蠢的东西！"结果弄得哄堂大笑。

点评 ★

演讲者的本意是说明驴子都知道不喝酒，若再不戒酒，就连驴子都不如了。

雄辩篇

弱　者

反方：刚才，对方辩友一边讲男女要平等，女性不是弱者，一边又把女性放在了方方面面都要受保护的弱者地位，是不是对女性自身的发展缺少信心才自相矛盾了呢？出于善良的愿望，对方辩友为女性就业营造了森严壁垒，然而在市场竞争、竞争择业的情况下，它非但不能成为女性就业的保护城，而且只会成为阻碍女性走向社会的围城。

正方：首先，我想请问对方辩友，难道保护的对象一定是弱者吗？你今天坐在这里辩论，受到国家法律的保护，受到人民军队的保护，难道你就是弱者了吗？

点评 ★

反方巧妙地利用当时特定的情境——对方辩友受国家法律、人民军队的保护，但不是弱者，对对方实施反驳，驳得恰到好处，很好地提高论辩效果。

无法看清被告的脸

林肯：福尔逊先生，你认清开枪杀人的确是小阿姆斯特朗吗？

福：是的。

林：你在草堆后面，小阿姆斯特朗在大树下，相距二三十米，你能看得清楚吗?

福：看得很清楚，因为当时月光很明亮。

林：你肯定不是从衣着等方面认清的吗?

福：不是从衣着方面看清楚的。我肯定是看清了他的脸，因为月光正照在他的脸上。

林：具体时间能肯定吗?

福：完全可以肯定，因为我回到屋里时看了时钟，那时是11点1刻。

林：这个证人是一个彻头彻尾的骗子，他一口咬定10月18日晚上11点他在月光下认清了被告人的脸。请大家想一想，10月18日那天是上弦，到了晚上11点，月亮早已下山了，哪里还有月光?退一步说，也许时间记得不十分准确，时间稍有提前，月亮还没有下山，但那时月光应是从西边往东边照射，草堆在东，大树在西，如果被告脸朝大树，月光可以照到脸上，可是证人就根本看不到被告的脸。如果被告脸朝草堆，那么月光只能照在被告的后脑上，证人又怎么能看到月光照在被告的脸上呢?又怎么能从距离二三十米的地方看清被告的脸呢?

（法庭宣布被告无罪释放）

点评 ★

亚伯拉罕·林肯，美国第16任总统，著名的资产阶级民主主义革命家、政治家、演讲家。27岁考上职业律师，这是他的首次法庭辩辞。面对诬告，林肯认真调查了现场，掌握了事实症结，运用逻辑推理和辩论技巧，戳穿了证人的谎言，还被告以清白。这次法庭论辩为林肯赢得了声誉。

五环旗与“孔方兄”

正方：体育作为人类一项广泛开展的活动，必须同一定的经济基础相联系……

反方：那么是不是应该把奥林匹克旗帜上那五个象征着五大洲的圆环中间都加上五个方孔才能淋漓尽致地表达正方的观点呢?

点评 ★

反方对正方的言词故意曲解，无中生有，打乱了正方的战略计划，语言运用简洁有力，幽默诙谐。

美赞皇恩

1671 年 5 月，伦敦发生了一起迄今为止英国历史上最大、最著名的刑事犯罪。一个以布勒特为首的五人犯罪团伙，蒙骗了伦敦塔副总监，混入马丁塔里，抢走了英国的“镇国神器”——英国国王的皇冠。然而，这伙罪犯运气不佳，刚刚冲出伦敦塔，就被卫队围住，经过一番搏斗，五名罪犯全部被擒。

国王查理二世对这些目无法纪、胆大包天的歹徒非常感兴趣，决定亲自提审为首分子布勒特。在审问时，布勒特充分发挥了他的雄辩才能，灵活而巧妙运用“虚心恭维”法而赢得国王的赏识。

查理二世：“你在克伦威尔手下时诱杀了艾默思，换来了上校和男爵

的头衔？”

布勒特：“陛下，我只是想看看他是否配得上您赐给他那个高位。要是他轻而易举地被我打发掉，陛下就能挑选一个更适合的人来接替他。”

查理二世沉吟了一会，仔细打量着囚徒，觉得他不仅胆子大，而且口齿伶俐，于是又问道：“你越干胆子越大，这回竟然偷起我的皇冠来了！”

布勒特：“我知道这个举动太狂妄了，可是我只想以此来提醒陛下关心一下一个生活无着的老兵。”

查理二世：“你不是我的部下，要我关心什么？”

布勒特：“陛下，我从来不曾对抗过您，英国人之间兵刃相见已经很不幸了，现在天下太平，所有的人都是您的臣民，我当然也是您的部下。”

查理二世尽管觉得他是个十足的无赖，但还是继续问道：“你自己说吧，该怎么处理你？”

布勒特：“从法律角度来说，我们应当被处死。但是，我们五个人每一位至少有两个亲属会为此落泪。从陛下您的立场看，多十个人赞美你总比多十个人落泪好得多。”

查理二世绝没有想到他如此回答，他几乎感觉不到地点了点头，然后又问：“你觉得自己是个勇士还是懦夫？”

布勒特：“陛下，自从你的通缉令下达以后，我没有一个地方可以安身，所以去年我在家乡搞了一次假出殡，希望警方相信我已死亡而不再追捕，这不是一个勇士的行为。因此，尽管我在旁人面前是勇士，但是在您——陛下的权威下只是一个懦夫。”

查理二世对他的这番话非常满意，不但免除了布勒特的死刑，还赏给他一笔不小的年金。

点评

布勒特巧用恭维满足了查理二世的心理需要，使皇上转怒为喜，化险为夷，拣回一条性命并得到了皇上恩典。

前程就在脚下

周敦颐登上堂，见县宰果如所传，是个满面横肉的“老虎”，便机敏地向他行了个礼，说道：

“我来迟了，首先向大人谢罪，大人高德，想必能够海涵。”

县太爷见小法官说话还算有礼，就摸摸胡子问：

“怎么到任几天了，也没有见你的影子呀？”

“我正清理一宗案件，想弄清点头绪，再来拜见大人不迟。”

“既如此，可看到有冤案错案？”

“几乎都有差错，正想回报大人，又见不日将问斩一名囚犯的案宗。此案被告系一酒徒，因酒醉持刀要挟路人，并非真的图财害命，况且经人劝告，又未伤人骨肉，如若判为死囚问斩，岂不过之太远？”

“闹来闹去，不是来拜我，是跟我来评论官司啊！”

县宰这么一琢磨，觉得周敦颐太不像话了，不觉怒道：

“太放肆！一个小小的法官，到我门上还没见面，就论起我的长短来了！”

“雨珠小，能救活庄稼！秤砣小，能压千斤！法官小，干系到一县的人命财产。一见面不说人命大事，尽说些客套闲篇，有何用处？”

“哟！新来乍到，你的嘴还挺硬！”

“新来乍到嘴不硬，将来还能顶得住？”

“你顶个屁！”县太爷越讲越有火，那一股子邪乎劲就上来了，“告诉你，醉鬼那个案子，就是我定的，死也不能改！”

“世上的事没有不能改的，在您老爷的嘴里，死的可以改活，活的可以改死，说黄是您，说白也是您，这不是信口开河胡乱改吗？”

“胡说！你敢违抗本宰的意思，真是吃了熊心豹胆，来人，把他的小纱帽摘了去！”

周敦颐“噌”地一下把帽子摘下，朝前面一扔，道：

“这顶帽子几两纱就可织一个，人命要完了，千两金子买不回来……哼！”

“你还要不要你的前程？”

“前程就在脚下，如果抬不起脚，也就不要了！”

“你的眼里还有没有县宰？！”

“眼里头没有县宰，脚怎么会登到您的门槛下来？”

县太爷听他话里头句句带刺，气得简直浑身没一个地方不难受，于是扫帚眉“嚓”地竖起来，怒道：

“反了！简直是无法无天！”

“大人！您此话说的甚合官理，当官的无法无天，老百姓岂不喊苦鸣冤？”

县太爷被讽刺得浑身不自在，围着公堂来回转，一个屁也放不出来。

周敦颐正颜厉色道：

“自古以来，圣人怜念苍生众民，为官应怜悯蝼蚁之命，有此，才能施以仁政，晓以礼仪，使民众安分守己，各得其所。”

县太爷被说得蔫了秧子，但又觉着把案子改过来有失自己的尊严，便死皮赖脸地说：

“那点道理谁还不知晓？就不用啰嗦了，回去准备检验死囚的正身，

明天午时斩了回话！”

周敦颐见县太爷耍赖，二话没说，把身边的官印掏出来，往案几上一搁，甩袖便走。

县太爷一时傻了眼，望着官帽和印信发呆。

周敦颐正往前走着，忽听背后有人喊：

“官人停步！县太爷还有话吩咐！请官人回去！”

周敦颐不理，只顾前走，怎奈官差苦苦拉着袖子不放，只好回去。路上倒远远地看见县太爷呲牙赔笑迎来：

“就按你的意思办嘛！本县鲁莽粗野，话多语失，别再见怪。”

原来，县太爷见周敦颐摔了帽印便走，顿时着了慌。心想法吏刚一上任，就把他赶跑，这事传扬出去，那还了得？万一上头追下来，恐毁了自己的前程。几相比较，终于违心作了让步：醉酒案听凭法官秉公处置。

点评

周敦颐是宋代著名学者。他年轻时，曾出任某县法官。该县县令昏庸无能，草菅人命，经常判冤案错案。周敦颐刚上任就碰到这样一个案子：一个酒徒因酒醉持刀要挟路人，结果被县令判为“图财害命，斩首示众”，不几天就要行刑。于是，他直奔衙门，与县令对辩公堂，鼓唇救死囚。

我以义死，囚禁何惧

博罗（元朝宰相，下称博）：跪下！

文天祥（以下称文，长揖不跪）：我们南朝的揖，就等于北朝的跪。我是南朝人，行的是南朝礼。既然揖过了还用跪吗？

博：拉倒他！

文：国有兴亡，人有生死。天祥忠于守国，不幸到此地步，只求一死，没有什么好说的。

博：就只有这些吗？

文：我乃宋朝丞相，国家亡了，以职责论当死。今天被你们捕来，以法论也是死，还审判什么？

博：你刚才说，国有兴亡。我倒要问问你，从盘古到今天，是几帝几王？

文：一部十七史从何说起！我今天不是来同你谈古论今的，没工夫跟你谈这些。

博：好！我再问你，自古以来，哪有为人臣的把国家的土地送给别人，自己却逃走的？

文：你是说我在做丞相的时候，把国家卖掉又逃走的事吗？那时我被扣在皋亭山，卖国之事一概不知。卖国的人是贼臣，为了图利才卖国，既然有利，他还愿逃跑吗？所以卖国者必不逃，而逃跑者必不卖国。从前我出使北营，与伯颜（元朝大将）谈和，谁知你们竟把我软禁起来。不久，贼臣卖国求荣。国家既亡，我本该为国而死，所以不死，是因为高宗皇帝还有两个儿子在浙东，我计划返回江南，辅助二王。

博：投降的恭帝，是不是你的皇帝？

文：当然是。

博：弃掉皇帝，另立二王，能算是忠臣吗？

文：恭帝不幸失国，此时此刻，社稷为重，所以另立新王。历史已有先例，晋朝的怀帝、愍帝被北人掳去，当时如果跟随二帝北去便是不忠，随元帝南行才是忠臣；同样，本朝的徽宗、钦宗二帝为金人掳去，若是跟从二帝投降金国，就算不得忠臣，唯有随高宗南行，才是忠臣。

博：你身为丞相，当时就该引兵出城与伯颜决一胜负，才算是忠臣，怎么可以拥三宫出走呢？

文：你说得很对，可惜骂错了人。当时如果是我当权，可能就不是今天这种局面了。你的话，可以责怪陈丞相，而不能责怪我。

博：你后来拥立二王，又有什么大功劳？

文：国家不幸破亡，我立君是为了保存宗庙，活一天，就要尽一天臣子的责任，哪能说什么功劳呢？

博：既然已知道国家没救了，又何必救它呢？

文：你有所不知，人臣事君，如子事父。倘若父母不幸患了重病，做儿女的能够说，反正要死了，不必找医生求医，而眼看着他们死去吗？对一个孝子来说，他会不会这样？你比我更清楚。

知道不可为而为之，这才是一个臣子尽忠尽孝的表现。如今我文天祥已经尽心尽力，还是不可救，这是天命！我只求一死，你们也不必多问了。

博：你要死，没那么容易，我偏不让你死，我要把你关起来，看你受得了吗？

文：我以义死，囚禁又何惧之有！

点评

文天祥，南宋政治家、文学家。历任秘书省正字、提刑、右丞相、枢密使等职。他在南宋末年的抗元斗争中起了重要作用，1279 年兵败被俘，解往元大都。在枢密院公堂受审时，文天祥与法官进行了针锋相对的答辩，被后人传为美谈。

不破不立

反方：……事实告诉我们，许多新事物都不是从破中诞生的，譬如新兴学科生物化学就是在生物学和化学的基础上综合发展而来的，那它的

"破"难道是破了生物学和化学吗？显然不是。

正方：生物化学既没有破了生物，也没有破了化学，可是它打破了那种学科之间"老死不相往来"界线的状况，这才立起了生物化学。

点评

正、反双方各自都从对方问话的反面给予鲜明有力的答复，并作了透彻精辟的分析，双方处处相反应对，显示出一种尖锐对立的态势。

知难行易

反方：对方辩友，按照你方的说法，你一定要错误出现之后才会知道，那么每一个抽烟的人都知道吸烟有害健康，只要看烟盒就知道了。按对方辩友的说法的话，一定要抽烟抽到死的时候他才知道，他才真的是知道，不然的话，还没死亡前他都还不知道。（掌声）

正方：对方辩友对抽烟的人还是知之不深哪，他们是更知道，饭后一支烟，赛过活神仙哪！

点评

面对反方的咄咄逼人的攻势，正方巧引一句俗语，机智地反驳了对方的观点，使俗语发挥出神奇的论辩威力。

放下屠刀　立地成佛

正方：正因为人性本善，所以人随时随地都可以放下屠刀、立地成佛。

反方：对方辩友说，有的人是“放下屠刀，立地成佛”的，这不错，但我请问，如果人都是性本善的话，谁会拿起屠刀呢？

点评

反方妙用因果联系，以有的人“放下屠刀，立地成佛”为原因，针锋相对地得出性本恶的结果，精彩地答辩了对手。

法律是道德吗？

吴俊仲：我请问对方一个问题，又饥又寒的小孩子偷你一块面包，你会用道德惩罚他吗？

季翔：难道法律中就没有道德观念吗？

孙学军：对方提出的问题从逻辑看，好像是说越穷道德就越好，有这个可能。但我认为这是一种虚伪的表现：让穷人去穷吧，可是我可以说你好。这样你就不用掏腰包去帮助他解决温饱了。这是一个很方便的虚伪做法。（掌声）

严嘉：“穷人的孩子早当家”。欧阳修、笛卡儿和范仲淹，哪一个不是在贫困中培养起他们的高尚的道德呢？

吴俊仲：我方认为，温饱，你要求他谈道德就是我吃得饱饱的，对方饿得很惨，但是大家为我好，这有什么不好呢？这种观念是错的。其次，法律不是道德。法律规定了离婚，离婚是道德的吗？法律可以规定公司破产，公司可以破产吗？所以法律不是道德，它是代表最低的道德水平加上风俗习惯及强制力的。法律等于道德是苏格拉底那时候的观点，对方有两位学法律的应该知道。谢谢。

季翔：法律中难道没有道德观念吗？从《汉谟拉比法典》到《大清律

例》，从宋《刑统》到《权利法案》，请对方告诉我哪一部法律中不包含道德观念？

孙学军：我们这位同学已经告诉你了，法律所规范的道德是最低层的道德。暂且不提这个问题，请问，对方刚才说了英国民众在二次大战中发扬道德精神，但是要知道，英国当时所处的社会在资本主义国家中所处的经济地位是世界上领先的，而且据最近的资料表明，二战中英国人民的温饱程度是有史以来没有过的，营养价值在当时食物平均分配制度下是最好的。因此你不能通过这个问题来否认它是在温饱程度上讲道德的。

严嘉：《丘吉尔传》告诉我们，那时候好多穷人是怎么去填饱自己肚子的呢？是去排队买鸟食，还买不到啊！

点评

在激烈的论辩中，出语很快难免会出现语句前后矛盾的地方。在上例中，辩手吴俊仲认为法律不是道德，而同组辩手孙学军则认为法律是基本道德，很显然是自相矛盾的，这使对手有了可乘之机，迫使自方陷入不利之境。

以诗还诗

正方：对方一头扎在自己的思路中，因此要这么想也不奇怪了，殊不知“不识庐山真面目，只缘身在此山中”。

反方：好在我们已在山中，像你们尚在山脚下，当然只能兴叹“只在此山中，云深不知处”了。我还是奉劝正方辩友，“欲穷千里目”，请“更上一层楼”！

正方：对方真是“少年不识愁滋味，爱上层楼”，不了解具体情况，一味空谈，只能是“为赋新词强说愁”。

反方：如此畏首畏尾，只会驻步不前。你们自然不会领略到“无限风光在险峰”的美妙境界。要知道“会当凌绝顶”，方能“一览众山小”！

点评 ★

论辩双方，你来我往，真是珠联璧合，增强了论辩语言的美感，特别是反方，以诗还诗，用其人之道反治其人之身，显示他机敏过人之处。

倒茶叶

某公司办公大楼的水槽上方写着“此处不准倒剩茶叶！”几个大字。张三和李四看见了。

张三：“此处不准倒剩茶叶”，就是说，可以倒好茶叶。

李四：你这样理解是片面的。应该说，这句话这样理解才对：除了剩茶叶之外，什么东西都可以往里面倒。

点评 ★

张三和李四由于对“此处不准倒剩茶叶”把握不准，所以对这句话的理解也产生了不同的误解。

掏钱包

小张：你打过群架吗？

小李：没有。

小张：你侮辱过妇女吗？

小李：没有。

小张：你掏人家钱包给逮住过吗？

小李：没有——不对，我什么时候掏过人家钱包啦？

点评

小李不管回答“有”或“没有”，都是在承认曾掏过人家的钱包，从而落入小张事先设好的圈套中。小张使用的是狡诈的诘问术。

无法邮寄

伦琴射线的发明者收到一封信，信中说：

“我胸中残留着一颗子弹，须用射线治疗。请你寄一些伦琴射线和一份怎样使用伦琴射线的说明书给我。”

伦琴回信道：

“请你把你的胸腔寄来吧！”

点评

伦琴面对写信人的戏谑，对于对方的荒谬采用了以谬制谬的方法，因为伦琴射线是无法邮寄的，就像他的胸腔无法邮寄一样。

醉酒之翁不在意

有一次，一对情人外出旅行，在车上和一位老先生相邻而坐。老先生风趣健谈，小姐和他谈得很投机，有说有笑。她的男友一肚子不愉快，小声对女友说：“小心点，他是醉翁之意不在酒。”

女友安慰说：“放心好了，我是醉酒之意不在翁。”

他们的对话被老先生听到了，就自言自语地说：“我是醉酒之翁不在意啊！”

点评

老先生根据当时的情境，一改语序，既展示出自己的风趣、大度、也传达了对青年小伙子的批评。

“头”与“脖子”

某公司刘经理是有名的“妻管严”，但在外却摆出一副大男子主义的神态。一天，刘经理与小王闲聊。

刘：“在公司里我是‘头’。”

王：“在家里呢？”

刘：“我当然也是‘头’。”

这话被经理的孩子听到了，他回家将此事告诉了妈妈。经理夫人冷冷地对刘经理说：“你是家里的‘头’，那我咧？”

“你是脖子。”刘经理嘻嘻笑着。

“为什么？”妻子问。

刘经理解释道：“因为头想动的话，必须听从脖子的。脖子扭向哪，头就对向哪！”

点评

刘经理巧舌如簧，对“头”作出巧妙的解释，承认了妻子在家中的权威，化解了矛盾。另外，刘经理的话风趣幽默，得到轻松调侃的效果。

人与猴

孩子：“妈妈，我是你生下的吗？”

妈妈：“是呀。”

孩子：“你怎么生的？”

妈妈：“在医院生的。”

孩子：“人是怎么来的？”

妈妈：“看猴吧，孩子，猿猴是人类的祖先。”

点评 ★

语言表达委婉含蓄，隐蔽自然，从而达到回避对方问话实质的目的。

看不出是什么星宿

南宋时，有一个大奸臣张俊，他十分贪财。但由于他手中有权有势，所以人们都敢怒而不敢言。

一次，宋高宗请满朝文武大臣喝酒，又请了一班艺人来说笑取乐。

这时，有一个艺人走上场来，说他能透过铜钱的方孔，看出每个人是天上哪颗星宿的化身。

于是大家争先恐后地让他看，他一一说出这些人是什么星宿。

不久，轮到张俊了，艺人故意看了又看，然后装出很认真的样子说：“真的看不出您是什么星宿，大人，只看见您坐在钱眼里。”

众人开始还不明白，后来忽然领悟了这艺人的用意，哄堂大笑起来。

点评

艺人对张俊说的那句话，用了双关语，表面上是说张俊坐在钱眼里，实际上骂张俊贪财才是艺人真正的意思，收到意想不到的效果。

肚脐眼生在脚下

美国有一家大百货商店，门口有一块大牌子，上面写着广告：“无货不备。如有缺货，愿罚 10 万元。”

有一个法国人很想得到这 10 万元，便去见经理，开口就说：“潜水艇！在什么地方？”经理领他到第 22 层楼，当真有一艘潜水艇。他又说：“我还要看看飞行船。”经理再领他到第 9 层楼，一看，果然有一飞行船。法国人还是不罢休，问道：“可有肚脐眼生在脚下面的人？”

他以为这一句，经理一定要难住了。谁知经理声色不动，对旁边的店员说：

“你来一个倒立给这位客人看看！”

点评

这个经理知道这个法国人是在故意胡搅蛮缠，但经理灵机一动，用一句幽默的话，立即就将对方制服了。

小偷朋友

一次，穷困潦倒的巴尔扎克醒着躺在床上，看见有一小偷溜进房间，正在撬他写字台的锁。巴尔扎克忍不住笑了。

这位小偷吓得惊惶失措，但还壮胆地问："你笑什么？"

"我的朋友，我笑的是，在这张写字台的合法之人白天都从来找不到钱的抽屉里，你居然费尽心机，冒大风险奢望在夜间找到钱，可能吗？"

小偷自认倒霉，灰溜大吉。

点评 …………★

巴尔扎克以风趣言辞，简练明白的语言，智退小偷。

从左到右的写作法

美国著名作家埃内斯特·海明威在一次宴会上，正苦苦思索他一篇小说的某个情节，在他旁边坐着令人讨厌的富翁不时打岔，想与海明威攀谈，他说：

"到底哪一种写作方式是最好的呢？"

海明威两手一摊，嘟哝地："从左到右。"

点评 …………★

海明威大智若愚，用普遍的书写方式解释了写作技巧，回绝了富翁的纠缠。

熏　陶

一位老教授，才识渊博，受人尊敬，但只是上课时吞云吐雾，烟不离口。一日，一位坐在第一排的女同学被熏得受不了，便礼貌地向他建议：“教授，可不可以不抽烟？”

教授略微地低头，于是把烟头灭了，抬头说：“既然你不愿意接受我的熏陶，那我也就不勉强了。”

点评

教授风趣、幽默的话句，很好地解窘，转换概念使气氛融洽。

比尔理发

比尔是一家大公司的职员，他经常在办公时间出去理发，尽管他也知道这样做是违反公司规定的。

一天，当比尔又在理发时，公司的经理正巧也来理发，比尔无法躲开了。

经理说：“你好，比尔，我看见你在办公时间理发。”

比尔镇静地回答：“是的，先生。你看，我的头发都是在工作时间长出来的。”

“不是全部吧，其中一部分是在下班时间内长的。”

比尔很有礼貌地回答：“是的，先生，你说得对极了。所以我只剃去

一部分而不是全部剃掉。”

点评

比尔根据经理说的“其中一部分是下班时间内长的”，顺水推舟地回答“我只剃去一部分而不全部剃掉”，比尔的话中充满了稚气、幽默的味道。

独来独往

有个骄傲自满、脱离群众的人，自诩道：

“只有羊呀，猪呀，才是成群结队的，狮子老虎都是独来独往的。”

我国著名杂文家马铁丁反驳道：

“狮子老虎固然是独来独往的，刺猬、癞蛤蟆、蜘蛛又何尝不是独来独往的呢？”

点评

马铁丁选用不同的事物，得出了与对方观点针锋相对的结论，揭露了对方观点的荒谬性。

两个被骂的官员

古时候，清明节，一个侍郎官，一个御史官，一同出城去游玩。正走着，看见前面野地里有一条大黄狗。御史官问侍郎官：

“是狼（侍郎）是狗？是狗是狼（侍郎）？”

侍郎官听出御史官在骂他，便回道：

“是狼（侍郎）遇肉吃肉；是狗遇屎（御史）吃屎。”

黄狗在地里闻来闻去，御史官对侍郎官说：

“你看，它模样很像是狼（侍郎），遇不着肉在寻屎吃呢！”

侍郎说：“那它是遇屎（御史）了啊！”

他俩你一句，我一句骂得津津有味。旁边一个拾粪老头听得一清二楚，见他俩是出来寻欢作乐的官员，便骂道：“是狼（侍郎）见肉不嫌肉腥，是狗遇屎（御史）不嫌屎臭，本性难改呀！”

侍郎官和御史官听了好恼火。但反过来一想，自己那些高雅的对骂，村夫俗子未必听得出来，也许不是有意骂自己，想想吃个哑巴亏算啦。

点评 ★

这里，他们都运用了“侍郎”与“是狼”、“御史”与“遇屎”的谐音的方法，含蓄、曲折地表达了各自的目的。

佛儒之辩

儒生张卓与僧人辩论。僧人宣称：“儒教虽正，却不如佛学玄妙，我们僧人能读儒教的书，你们却不能通晓佛家的经典。”

张卓回答说：“不对吧，比如饮食，人可以吃的狗也能吃，狗可以吃的，人却不可以吃。”

点评 ★

张卓用人吃的东西与狗吃的东西类比施辩，妙喻说理，从而说服对手。

总统的三明治

当年罗斯福第三次连任美国总统时，有位记者想让他谈谈感想。

罗斯福没有回答，而是很客气地请这位记者吃三明治。记者觉得这是殊荣，十分高兴地吃了下去。总统又微笑地请他吃第二块，记者觉得盛情难却，又吃了下去。不料总统又请他吃第三块，他的肚子已经不需要了，但还是勉强地吃了下去。

哪知总统在他吃完后又说：

“请再吃一块吧！”

记者一听啼笑皆非，因为他实在吃不下去了。罗斯福见状微笑着说：

“现在，你不需要再问我对第三次连任总统的感想了吧。因为你自己已经感觉到了。”

记者点点头，连声称是。

点评

此时无声胜有声。语言的表达纵然高明，也有个限度。以动作代替有声语言，在某种场合下更能清楚地表达自己的思想。罗斯福正是用这样的方法，让记者在连吃三块三明治的情况下，继续请他吃，记者自己的切身体会便巧妙地代罗斯福回答了问题。

没有什么

两个人发生争吵，闹到法官那里。原告指着被告说：“他背着很重的东西，东西从肩上掉下来了，他请求我帮他扶上去，我向他讨多少工钱，他说：‘没有什么。’我同意了，马上帮他把东西扶到他肩上。现在我要他付给我‘没有什么’！”

法官想了想，说：“你告他有道理，你过来，帮我把这本书拿起来！”

原告走过来帮法官拿书。

待他拿起书，法官突然问道：“书下面有什么？”

原告说：“没有什么。”

法官一本正经地说：“那你把‘没有什么’拿去吧！”

点评

原告无理取闹，“没有什么”就是没有什么，这不过是个虚概念，他企图以此难倒别人，而聪明的法官使用以虚制虚的办法制服对方。

心里有鬼

李某与王某议论张某，偏巧这时张某来到他们身边，而且听到几句话。

王某一下愣住了，感到不好意思。

张某不高兴地问：

“怎么不说话了？”

显然，大有兴师问罪之意。

这时，王某灵机一动，自我解嘲地说：

“心里有鬼呗。”

一句话把张某逗笑了：

“背后议论就是有鬼。”

王某赶紧说：

“是啊，而且不是恭维话，不过你看，我这样做自己的日子也不好过。”

三人相视一笑，恩怨全消。

点评

在交际中，由于种种原因造成一些失误，以至于双方处于一种“敌对”的情况，这时化“敌”为友是消除摩擦的好办法。王某敢于承认事实，又加上一句“心里有鬼”的俏皮话，张某也被逗得情不自禁地笑了。

是松是槐

唐朝有个小孩叫贾嘉隐，年仅7岁就有很好的口才。有一次，有两位年长的诗人听说他很聪明，就故意前来考他。其中有一位靠在一棵槐树上，问贾嘉隐：“你说说看，我倚的这棵树是什么树？”

“松树。”小孩回答。

“这明明是棵槐树，你怎么说是松树呢？”

贾嘉隐有条有理地说：“您年纪这么大，我叫您公公，公公的旁边靠着树木，不正是个‘松’字吗？”

旁边有位无聊诗人听贾嘉隐这么说，也凑趣地往树上一靠：“我靠的也是松树，你也应该叫我一声公公。”

小孩灵机一动说："你靠的这棵树不是松树，是槐树。"

"你怎么又改了口了呢？"

小孩辩解说："不是我改口，是因为鬼靠在树木上，正好是一个'槐'字。"

那位诗人哭笑不得。

点评

贾嘉隐利用字词拆分术，巧妙地表示了对那位年长诗人的尊敬，也给了无聊诗人以嘲弄，充分显示了他的聪明才智。

聪明的解缙

明代文学家解缙年幼聪颖。有一天，春雨绵绵，放学后，他冒雨回家，走到土地庙前，不小心滑倒。这时，有两个老乡绅正在庙门口下棋，看到解缙被摔得满身是泥，幸灾乐祸，不禁捧腹大笑。解缙从地上爬起来，见这两人正对着自己狂笑，非常气愤，便朗声念道：

"春风伴春雨，水流满街泥；

摔倒大官人，笑煞两匹驴。"

这两个老家伙听见，恼羞得脸红脖子粗，便气急败坏地责斥说："老夫下棋，笑的是一个不敢过河的卒子，你乳臭未除，怎么作诗骂人咧？"

解缙笑着再念道：

既然没有笑，怎知我骂你，

作诗骂畜生，尔辈何心虚？"

两个乡绅面面相觑，无言以对。

点评

解缙用诗词说两个老乡绅的无礼，采用比兴的手法，借“两匹驴”来表达自己对老乡绅的谴责和嘲讽。

答应一半

几个穷人来到财主家，对财主说：“我们有事求你帮助，希望你不要拒绝。”

“我尽力而为。”财主说。

“第一，请你答应借一千金币给我们的一个朋友，他急需钱用，我们大家都愿意为他担保。第二，请你答应，让他一年以后归还。”

“朋友们，如果人家摆出要求，而某人只答应一半，那也不算吝啬了吧！”

“那当然！”大家同声回答。

“既然这样，那么，我就答应一半吧！我同意满足你们的第二个要求，出于对各位的尊敬，我甚至愿意把借期延长到两年。”

点评

“答应条件的一半”，有一定的含混性和歧义性，财主偷换概念，钻了其歧义的空子。

老先生巧戏富翁

有一富翁生性吝啬，一毛不拔。儿子大了，需要读书，他想聘请教书先生，又舍不得多花钱，因此再三讲明他的膳食供给很微薄。可是，当时的一位老先生还是一口应允了。富翁恐怕口说无凭，要老先生写一张合约，老先生写道："无鸡鸭亦可无鱼肉亦可青菜一碟足矣。"富翁一看，理解为"无鸡鸭亦可，无鱼肉亦可，青菜一碟足矣"，于是欣然签了字。

哪知吃第一顿饭时，富翁让佣人端出一碟青菜给老先生下饭，先生说富翁违约："怎么净是青菜，我们不是约定了'无鸡，鸭亦可；无鱼，肉亦可；青菜一碟，足矣'的吗？"弄得富翁啼笑皆非，连呼上当。

点评 ★

老先生巧用语音的不同停顿，使语义与富翁所理解的意思截然相反，巧妙地戏弄了富翁。

阿凡提的故事

有一次，国王为了难住阿凡提，问道："这条河里的水有多少桶？"阿凡提回答道："这就要看您的桶有多大，如果桶与这条河一样大，那么就只有一桶水，如果桶有河的一半大，那就有两桶水……"

点评 ★

阿凡提面对国王刁钻的问题，先设定出国王无法明确的条件，再依此

条件作答，巧妙机智地回击了国王的诘难。

猫头鹰护腐鼠

惠施在梁国做了宰相，庄子跟他是好朋友，想去见见他。有人急忙报告惠子：

“庄子来，是想取代您的相国位！”

惠施很惶恐，派人在国中搜了三天三夜。

不料庄子却从容而来拜见，并说：

“南方有只鸟，其名为凤凰，您可听说过？这只凤凰展翅不起，以南海飞到北海，非梧桐不栖，非练实不食，非醴泉不饮。这时，有只猫头鹰正津津有味地吃着一只腐烂的老鼠，恰好凤凰从头顶飞过，猫头鹰急忙护住腐鼠，仰头视之，道：

‘吓！现在您也想用您的梁国来吓我吗？’”

点评 ★

庄子把自己暗喻为凤凰，而把惠施喻为俗不可耐的猫头鹰。这样的比喻非常巧妙又贴切，以至让人无以反驳，曾经巧舌如簧，把白狗说成黑狗的惠施也自叹不如。充分体现了讽刺的说服力量之大。

财主画虎

一位财主画虎像猫，却无自知之明，就问身边的家仆：“你看像不像？”

家仆连声回答："像，像！"

"像什么？"

"小的不敢说。"

"你怕什么？"

"怕老爷。"

"那我又怕谁？"

"怕皇上。"

"皇上怕谁？"

"怕老天爷。"

"老天爷怕谁？"

"怕云。"

"云又怕谁？"

"怕风。"

"风呢？"

"风怕墙。"

"墙怕什么？"

"老鼠，老鼠谁都不怕，就怕老爷你画的这幅画。"

点评

仆人对话的逻辑特点是纵向思辨层层推理，他委婉巧妙地回答了财主的问题，既清楚地表达了想说的含义，又没有因直来直去而引起财主的不满。

系紧安全带

一位空姐用悦耳的声音命令道："把烟灭掉，把安全带系好。"

所有的乘客都按空姐的吩咐做了。过了5分钟，空姐用比前次更优美的声音又命令道：

"请把安全带系紧一些，很不幸，我们飞机忘了带食品。"

点评

空姐再次要求乘客系紧安全带，按常规，是飞机出现了某些不安全的因素。然而，答案却是"忘带食品"，这幽默地化解了乘客不安的情绪。

庄周巧喻　粮食到手

战国时期著名的思想家庄周，他一生都过得十分清贫。

有一天，庄周家里揭不开锅了。无奈之下，只好拎着口袋到朋友监河侯家借点粮食。恰巧朋友正要外出。庄子向他讲明来意，监河侯满口答应了。但庄子心想：你出门一次，恐怕得半个月呢。等你回来，我一家人还不早饿死了吗？庄子知道朋友特别爱听新奇事儿，灵机一动庄子便说：

"刚才来的半路上听见有求救的声音。我到处找，却没看见人。原来是路旁的干河沟里，有一条小鱼，嘴巴一张一翕地在叫呢。它说：'我是从东海来的，现在快干死了，先生能否给我一瓢水，救我一命啊？'我说：'一瓢水那太少了！这么办，你再坚持一下，等我去找越国和吴国的大王，请他们堵住两江的水，然后开沟挖渠，等把水引进来，你就可以回东海了。你看行吗？’谁知那鱼气极了，说：‘我现在已快干死了，只要一小瓢水就能活下去。你的计划很好，等你把水引来，恐怕我早变成鱼干了，先生只好到鱼干堆上去找我了。’”

监河侯一听，满脸通红向庄子道歉。

点评

庄子用讽喻的方法，生动、形象、含蓄、幽默地讽刺了并非慷慨的朋友。在通俗易懂的故事中表达了自己的意愿。

和你一起走

李某下班回到家里，发现他的妻子正在收拾行李。

“你在干什么？”他问。

“这个家再也呆不下去了，”她哭道，“一年到头，争吵不休。我要离开这个家！”

李某望着妻子的离去，困惑地木在门口。忽然，他冲出房间，从架上抓起一只皮箱，也冲向门外，对着正远去的妻子喊道：

“等一等，亲爱的，我也呆不下去了，我和你一起走！”

怒气冲天的妻子听到丈夫这句对自己充满爱意与歉意的话，顿时破涕为笑。

点评

面对气势汹汹的对手，应注意避免正面冲突，巧于周旋，动之以情，晓之以理。李某知道自己有错，于是见机行事，以柔克刚，折服妻子。他使用的便是论辩中经常使用的以柔克刚诡辩术。

男人像大拇指

一位演说家在一次演说时，说："男人，像大拇指。"他高高竖起大拇指，"女人，像小手指。"

语音未落，在场的女士们哗然，表示强烈反对。

演说家见势立刻说："女士们，人的大拇指粗壮有力，而小拇指却纤细、灵巧、可爱。不知诸位女士之中，哪一位愿意颠倒过来？"

很快平息了女士的怒气。

点评

演说家用喻证法说明，言词虽有不妥之处，但他灵机一变，很快转变句意，控制了演说气氛。

最后一瓶

有个人在朋友家做客，天天喝酒，住了很长时间了还没离开的意思，主人实在感到讨厌，但又不好当面赶他走。

一次，两人面对面喝着酒，主人讲了这样一个故事：

在一段小路上，经常有老虎出来伤害过路的行人。一个贩卖瓷器的商人遇见了，只见老虎张着血盆大口，向他扑来。说时迟、那时快，商人急忙拿起一个瓷瓶投了过去，老虎不离开。他又拿了一个瓷瓶投了过去，老虎仍然不动。眼看瓷瓶快扔完了，只剩下最后一个的时候，商人指着老虎高声骂道：

“畜生！你走也只有这一瓶，你不走也只有这一瓶！”

点评

论辩过程中，我们有时可以虚构一个与对方有相似性的东西为骂的对象，达到谴责论敌的目的。这是一种指桑骂槐术。主人通过虚构与对方有着“不走”这一相似性的“虎”为谴责对象，表面上是骂虎，实质上是在痛斥朋友的厚颜无耻，入木三分。

巧讽和尚

朱元璋早年曾做过和尚，忌讳颇多，稍有不慎就会招来杀身之祸。一次，朱元璋要解缙写诗讽刺一队戴枷犯法的和尚，略加思索后念道：

“知法又犯法，
出家又戴枷；
两块无情板，
夹个大西瓜。”

朱元璋听后忍不住大笑起来。

点评

解缙巧避忌讳，生动、形象的比喻，较好地妥帖地传递了信息。

手下留情

古时候，有一位姓邢的书生，身材矮小，在一次赶考的路上，遇到强盗。强盗已经抢了他的钱财，还打算杀了他。正要举起刀时，邢书生对强盗说：

“人们已经叫我邢矮子了，若是砍掉我的头，那不是更矮了吗？”

强盗不觉失笑，放下了屠刀。

点评

邢书生风趣、幽默的口吻笑对强盗的凶恶，令强盗哑然失笑，从而救了自己一命。

脸为什么涂红

张：你怎么涂了一脸红色？

李：你的请柬上写过什么？

张：“敬请不要带白色的东西来”。

李：为什么？

张：这有什么不明白的！红喜白丧是中国的民俗，办喜事带来白颜色的东西就会冲喜，我们家里很忌讳这事的！

李：我懂了。蒙老兄厚意，我不能不来；然而有人送我“白面书生”的绰号，深恐犯忌，但是脸又不能不带来，所以只好涂成红色。

点评

李某的论辩以张某的结论为出发点，审察“红喜白丧是中国的民俗”这一实际活动，选出典型的办红喜事为“参照物”，用办红喜事与张某的结论相衬映，使张某的谬论显示出来。这里李某用的正是这种实衬型对比反驳技巧。

发泄怒火

一天，陆军部长斯坦顿向林肯抱怨，说有个陆军少将用极尽辱骂性的语言指责他徇私偏爱。林肯建议斯坦顿回他一封措词严厉的信。

“好好地刺刺他。”林肯说。

斯坦顿随即写了一封这样的信，然后让总统过目。

“对！对！”林肯赞许地叫道，“就是这个样子！狠狠骂人一顿！这是一流的作品，斯坦顿。”

但当斯坦顿将信折起来，往信封里装的时候，林肯叫住了他。

“你准备如何处置这封信？”他问。

“寄走啊。”

“胡来！”林肯叫道，“你别把信寄走，把它扔到火炉里去吧！我一腔怒火时写下的信都是这样处理掉的，而且你已在合适的时候把它写下来了，心里感到痛快了，现在，烧掉它吧，另写一封。”

点评

后发制人诡辩术，就是诡辩者先不动声色，在静待中了解对手，以静制动。林肯先是随和地同意斯坦顿的意见，静观其发展，然后反戈一击，成功地说服了斯坦顿。

猎人与野熊

野熊：何必急于马上开枪呢?

猎人：我想要一件温暖的熊皮大衣来抵挡严寒。

野熊：行啊，但我也没有别的要求，只要能吃饱肚子，死了也无所谓，咱俩是否可以坐下来谈谈具体条件呢?

猎人：你反正吃饱了我也照样能穿上你的皮大衣，要谈就谈吧!

点评

伊索寓言中的这个故事，结果是野熊急中生智而思辨，谈判协定一经签署，野熊就吃掉了猎人。而猎人死到临头时，由于缺乏急中生智的思辨能力，自然就成了野熊的美餐。我们在痛惜之余，联想到一些参辩者在临场因反应迟钝而被人穷击猛攻的事例，也就不足为奇了。

有修理的可能

一位旅客住进旅馆后，发现卫生间漏水特别厉害，于是打电话要经理请人来修理。

经理在电话中答道：

“对不起，先生。现在天下雨，我们无法修理；天晴后，就又不需要修理了。天气不是下雨就是天晴，所以不是无法修理，就是不需要修理。”

旅客当即针锋相对地反驳道：

"经理先生，你说得不对。现在天下雨，就有修理的必要；如果天晴，就有修理的可能。天或者是下雨或者是天晴，或者是有修理的必要，或者有修理的可能。"

点评 ★

旅客将经理推论中两个条件命题条件的位置互换了一下，并分别加以否定。这样就得出了与经理尖锐相对的结论，有力地驳斥了经理的谬论。

坦诚相待

一日清晨，丘吉尔洗完澡，在白宫的浴室里正光着身子在那里踱步，有人在敲浴室的门。

"进来吧，进来吧。"丘吉尔大声喊道。

门一打开，正是美国总统罗斯福。他看到丘吉尔一丝不挂，便转身想退出去。

"进来吧，总统先生。"丘吉尔伸开双臂表示欢迎，"大不列颠的首相是没有什么东西需要对美国总统隐瞒的。"说完两人哈哈大笑。

点评 ★

丘吉尔诙谐、幽默的谈吐，一扫尴尬的气氛，消除了难堪的窘境。

勉为其难

一位教研室主任同一位教师商量请他代一门新课，教师表示限于自身情况，接受新课的难度很大。

于是，这位教研室主任开始施加压力，一会儿是入党问题，一会儿是评先进问题，一会儿是评职称问题，一会儿又是涨工资问题。总之，如果你不代，麻烦事儿多着呢。

结果，这位教师不得不勉强答应。

点评 …………………………………………★

教研室主任以强迫的手法逼人就范。虽然达到了目的，但是不会得到人家发自内心的合作。

点到为止

一位推销员，向一家酒店推销灯具。

他向那家酒店的经理整整讲了半个小时。从灯的性质到价格上的优势，他自以为讲得很漂亮。那位经理一直感兴趣地看着他。

等这位推销员讲完后，经理开口说话了：

“你们的灯具不错，但我们准备买光导纤维灯具。”

点评 …………………………………………★

推销员并不了解顾客需要什么，尽管说了许多，结果也是白费口舌。

可见，在商谈中，先要讲重点的，否则，多一句话，都有可能被人认为是废话。

讨价还价

商店里来了位顾客，他要给老母亲买一个血压计作生日贺礼，但他觉得价格有点高，便和老板计价还价。

老板抓住他买“寿礼”这点，说：“送老人的东西哪能专挑便宜的，关键是要有孝心。”

顾客马上答道：“确实，但若我以这个高价买回去，她老人家血压可能降不下来了。”

老板听后莞尔一笑，生意终于以八折成交。

点评 ★

老板抓住顾客的“孝心”，顾客也从“孝心”出发，说“老人家血压可能降不下来了”，委婉而风趣地指出价高了。

一步不走

父子俩去郊游，父亲对儿子说：“要小心啊，此处有种蛇叫‘五步蛇’，被它咬伤走五步就会死。”

“没关系，万一被五步蛇咬了，我只走四步就不再走了。”

“好！聪明的孩子。不过你那样做太危险了。离死只差一步啊！”

"那怎么办呢？"

"一步也不要走才保险。"

点评

这个"聪明的孩子"偷换了"咬伤走五步就死"的概念，显出小孩的可爱，同时让人发笑。

穷人和富人

一个穷人和一个富人早上碰面了。

穷人："早上好，先生，你今天出来得早啊！"

富人："我出来散散步，看看是否有胃口对付早餐。你在干什么？"

穷人："我出来转转，看看是否有早餐对付胃口。"

点评

穷人将富人的话的语序略微颠倒一下，就变成了与原来话的意思相反的语句，强烈讽刺了贫富不均。

牙　医

某人牙痛，前去医院拔牙。医生技术娴熟，很快就把牙拔掉了。病人虽然觉得医生手术不错，但又觉得这一会儿工夫，就被他赚了30元有点耿耿于怀。他一边付钱，一边揶揄地对医生说："你们牙医真会赚钱，只用10秒钟就赚了30元。"

医生说："你要愿意的话，另一只牙，我可以慢慢地给你拔。"

病人一听，连声叫道："不、不，还是请快些给我拔吧！"

点评

医生用顺水推舟的方法，引出"慢慢地给你拔"，让病人意识到拔牙太慢会疼。

懒汉的诡辩

一个懒汉在朋友家做客。早晨，朋友替他叠被，懒汉说："反正晚上还要睡，何必去叠！"饭后，朋友忙着洗碗，懒汉又说："反正下顿要吃，何必去洗！"晚上，朋友劝他洗脚，懒汉又说："反正还是要脏，洗又何必呢！"

第二天，吃饭的时候，朋友只顾自己，不理懒汉。懒汉问："我的饭呢？"朋友说："反正吃了要饿，你又何必去吃！"睡觉的时候，朋友同样只管自己，不理懒汉。懒汉问："我睡哪儿？"朋友说："反正迟早要醒，你又何必要睡！"懒汉急了，叫道："不吃、不睡，不是要我死吗？"朋友答道："反正终归要死，你又何必活着呢？"

点评

朋友用懒汉所用的方法反驳懒汉，以牙还牙，使懒汉有口难辩。

芸豆老了

在农贸市场上，一个小伙子高声叫卖：

“又嫩又长的芸豆，快来看，快来买啊！”一个大娘看了一眼说：

“你的芸豆老了。”

小伙子机灵地说：

“大娘，你说对了，我的芸豆老多了，种了一亩多地，长得很好，能收好几千斤，自家产的，你老要买，咱少算点钱，秤头高一点。”

于是大娘留住脚步，其他人也围上来。

点评 ★

小伙子利用一词多义打岔的方法，把与“嫩”相对的“老”改换成“很好”意思的“老”，巧妙改变话意。

纳妾制度

本世纪初，前清遗老大学者还留着一条灰色小辫子的辜鸿铭为纳妾制度作辩护时说到，“妾”为立女，“妾”者靠手也，供男人疲倦时作靠手用。他曾经向两位美国女子说过此话。她们反驳道：“岂有此理？如此说，女子倦时，又何尝不可将男人作靠手？没料到辜鸿铭反驳说：“否否。汝曾见一个茶壶配四只茶杯，但世上岂有一个茶杯配四个茶壶者乎？”

点评

大学者辜鸿铭运用的是类比推理的辩术，形象、幽默、准确地表达了自己的见解。

谁的力气大

有一次，一只蚂蚁问大象："在所有的动物中，谁的力气最大？"大象得意地扬起鼻子，自豪地说："这还用说，当然是我。"蚂蚁摇了摇头，反驳说："不，不是你，而是我。任何动物都比不上我。我可以搬运大于我身体几倍或十几倍的东西，你能吗？""这……"大象回答不上来了。

点评

在这则寓言中，蚂蚁是把"力气大"曲解为"谁可以搬运大于自己身体几倍或十几倍的东西"，来说明自己力气大。

驱蚊符

古时候有一个道士，自吹法术高强，会画驱蚊符，特别灵验。有个人信以为真，请他画了一张。道士告诉这个人说：

"你把这驱蚊符贴在睡觉的屋子里，就可以安心睡大觉了。"

这个人拿回去贴在寝室内，晚上蚊子还是那么多。

第二天就去质问道士。道士问了情况之后说：

"难怪！你的用法不对。"

买符人问：

“到底怎个用法？”

道士说：

“你把符贴在屋子里的蚊帐里，钻进蚊帐里睡，就没事了。”

点评

道士把“屋里”偷换成“屋里的蚊帐里”。从这两个概念上看，后一个概念的外延只是前一个概念外延的一部分。

六月穿棉袄

一恶讼师在六月天替人写状子。他明知官司必败，但又见钱眼红。

于是，在写状子时，就穿上了一件厚厚的丝棉袄，坐到烧得红红的火炉边写成了状子。

官司果然输了，官府追究诬告罪。公堂上，恶讼师与告状人对质。

恶：“我什么时候写的状子？你能把当时的情况说出来吗？”

告：“那时是六月天，当时你穿着厚厚的丝棉袄，坐在通红的火炉边写的。”

县官冷笑道：

“哪有六月还穿丝棉袄烤火炉的？分明是你在胡说八道！”

于是，判告状人诬陷罪，把恶讼师放了。

点评

恶讼师在事先便制造了假象，设置了陷阱，让县官乖乖地钻进了他精心设置的圈套之中。

目不识丁

学生："老师，'丁'字怎么讲？"

老师："'丁'字在古代指人。"

学生："那我认识很多人，您为啥说我'目不识丁'呢？"

点评

学生通过混淆"丁"字的古今意义之不同来达到诡辩的目的。在古代，"丁"字指人，而在"目不识丁"中的"丁"字则是指"连'丁'字也不认识"。

多云转晴

一晚，陈先生与友人王先生在房中畅谈。陈先生有感于平时家庭"阴盛阳衰"的苦衷，不禁长叹。

王："老兄因何长叹？"

陈："我是想，这女人好比是水，男人好比是船，水可载舟，也可覆舟……"

话未完，陈夫人破门而入，厉声问罪："结婚到现在，我让你翻过几次船，今天你不说清楚，决不善罢甘休。"

陈先生面对突来的险情立即辩解："我是一艘潜水艇，终年潜伏水下，虽不能扬帆千里，也无覆舟之虑，倒可图个'天下太平'。"

陈夫人一听，转怒为喜。

点评

陈先生机智地辩解，让情绪在转移中得到化解，使夫人怒气顿消。

永久的进款

俄国诗人普希金一次在饭店里吃饭，有个贵族子弟认出了他，嬉皮笑脸地说：“亲爱的普希金，看得出，你的腰包是装得满满的！”

普希金瞥了他一眼，风趣地说：“自然，我比你阔气些。你有时候要闹穷。苦苦等待府上寄款给你，否则，就没法活下去，而我却有永久的进款……”

“永久的进款？”贵族子弟不解地问，“从何而来的？”

“那是从 36 个俄文字母上来的。”普希金说完，哈哈大笑。

点评

普希金运用语言文字上的同音和同义，讥讽、嘲笑了这个平庸的贵族子弟。

回到地球上

作家冯骥才在美国访问时，一个美国朋友带儿子去看他。说话时，那位孩子爬到冯的床上，站在上面拼命蹦跳。这时冯说了一句幽默的话：

“请你的儿子到地球上来吧！”

那位朋友说："好，我和他商量商量！"

点评

作家用风趣的语言巧设台阶，这样不会使客人感到难堪，也不会使自己显得不够热情。

照 片

一位女顾客上照相馆取照片，她很不满意地对营业员说："我以前在这里照得很好，怎么现在在这里照得那么难看？"营业员抱歉地说："太太，以前你来照相时，我比现在年轻十多岁，现在照得不好看，因为我有点老了。"

点评

营业员用抑扬术，即扬是为了扬，抑也是为了扬，表达的内容是一致的，只不过表达形式上是对立的，堵住了顾客的抱怨。

不打自招

邓某为了开脱自己的嫌疑，声称自己不在犯罪现场，从早到晚都在海边游泳、晒太阳。律师想揭穿他的谎言。

律师："你脸色这么红，是不是去游泳了？"

邓："是的，我今天从早上六点，一直到下午六点都在海滩游泳和晒太阳。"

律师："你今天一早去了海滩，肯定看见了海豚冲上海滩了。我今天看了电视，电视上报道了海豚冲上海滩的情景，前面有一只海豚，后面跟着许多海豚，它们这是集体自杀……"

邓："啊，是的，我也看见了。不知看见许多海豚运气如何？"

律师："我今天根本没看电视！"

邓："……"

点评

律师为了揭穿邓某的谎言，故意虚设一些情景，诱使他上钩，最后不打自招，邓某谎言暴露无遗。

卖　报

一个男人在广场上大声叫卖报纸："惊人诈骗事件，受骗者已达八十二人！"

一个人赶忙奔去买了份报纸。但是，他翻来覆去地看，怎么也找不到诈骗事件的内容。

这时，卖报的人又在大声地叫卖："惊人诈骗事件，受骗者已达八十三人。"

点评

这个卖报人的叫卖，巧妙利用双关语的作用。"惊人诈骗事件，受骗者已达八十三人。"这句哗众取宠的话语，一方面是为了招徕顾客，另一方面幽默说出真正的受骗者也正是这些顾客。

妻子巧劝夫戒烟

一对夫妇都喜好对联，面对嗜烟如命的丈夫，妻子出联讥讽：

“张口闭眼，吞云吐雾，谁家男人似这般烧火先生？”

丈夫毫不理会，反唇相讥：

“拨嘴弄舌，说风道雨，哪个女子像那样泼水夫人？”

妻子见丈夫执迷不悟，又出一联：

“根根柱柱抽抽扔扔手手扔掉人民币；丝丝缕缕吸吸吐吐口口吸进尼古丁。”

丈夫听罢，深受教益，很快醒悟，也撰一联：

“信是人言本应取信于人须言而有信；烟乃火因常见抽烟起火该因此戒烟。”

 ★

这些对联，形褒实贬，形贬实褒，耐人寻味，谐趣无穷。

责任在病人

一个医生看过的病人总是治不好。他的老婆感到很奇怪，问他道：

“你给人看病为什么总是无效呢？是不是你的医术太差了？”

医生回答道：

“不，不。我的医术很高明。只是我是按医书上写的施行治疗，可来找我的病人，没有一个是医书上写的那样生病的。”

点评 ★

医生明明是个庸医，他不但不认错，反而将过错推给病人，倒打一耙。这是他在为自己的不学无术作开脱。

彼一时，此一时

有个穷秀才请风水先生看看自己住的地方是否吉利。

风水先生指着秀才院子旁边的两条河，说道：

“这两条河把你家本来就不多的风水给冲走了，你注定要倒霉！”

秀才一听想搬家，但又搬不起。

不久，秀才中了状元，风水先生没等请就来了，对秀才说：

“状元郎住的地方像一座八抬大轿，旁边那两条河就像两根轿杆在那儿抬着您，能不升官发财吗？”

点评

同样是秀才房子旁边的两条河，但风水先生在秀才中状元前后话语自相矛盾，这纯粹是在狡辩。

信用危机

王：“你欠我这么多债至今没有还，你根本不讲信用。”

刘：“要是我的信用靠不住，那么我怎么可能欠下你们那么多债呢？”

点评

刘得出了一个针锋相对的结论：他的信用是可靠的，因为如果不讲信用，他就不可能欠这么多债。他玩弄了对立引申术。

“大”与“小”

张三：“象大还是蚂蚁大？”

李四：“当然是象大咯！”

张三：“不对，有的蚂蚁比象大。例如：小象是小的，大蚂蚁是大的，‘大’比‘小’大，所以大蚂蚁也就比小象大了。”

点评

由于混淆了“大”与“小”只能在相对的概念中进行比较，张三诡辩“大蚂蚁”比“小象”大，它们之间并不存在“大”与“小”的比较，

"大"与"小"是相对的。

不在禁止范围内

有这样一个笑话：

一位老师发现一名学生正在往玻璃上扔石子，便禁止道：

"不许用石子打玻璃！"

后来，这名学生用玻璃球打烂了玻璃，遭到了老师的批评。

学生理直气壮地抗议道：

"您只说不许用石子打玻璃，并没说不许用玻璃球打玻璃呀！"

点评

学生利用语言具有复杂性这一特点，辩驳了自己的老师，同时也因为此而增加了师生之间交流的难度。

成功与失败

老师："你得改一改骄傲的毛病！"

学生："骄傲有什么坏处？我看没有必要改。"

老师："你不知道有句格言吗？骄傲必败。"

学生："您不是曾教给我另一句格言：失败是成功之母。骄傲既然带来失败，失败又是成功之母，骄傲不是成功之母吗？"

点评

“骄傲——失败——成功”之间是非传递的关系。学生企图转换它们之间的关系来为自己的行为作论证，这是在诡辩。

人民的财产

一辆电车进站时，一些人一窝蜂地往外挤，突然“哗啦”一声，一块玻璃被挤碎了。

售票员冲着那挤碎的人大声叫喊：

“玻璃碎了，要照价赔偿！”

“为什么要我赔？”

“损坏了人民的财产难道不应该赔偿吗？”

那人狡辩道：

“我也是人民的一员，这财产我也有一份，我这份我不要了，不赔了！”

点评

乘客混淆了集合概念与非集合概念之间的区别，他的回答显然是错误的。

南与北

王：小弟弟，你今年几岁了？

李：比去年大一岁。

王：那你去年几岁啊？

李：比今年小一岁。

王：你家里有几口人？

李：和家里牙刷的数目一样多。

王：那你家里有几把牙刷？

李：每人一把。

王：小弟弟，你们学校在哪儿？

李：在马路北面。

王：是哪一条马路啊？

李：校门口南面的那一条。

点评 ★

李某为了回避对方的询问，用了循环语句来作答，让对方达不到提问的真正目的。

万能溶液

有一个青年很想到爱迪生的实验室工作，爱迪生问他打算搞哪方面的实验。青年不假思索地说："我正想发明一种万能溶液。"爱迪生十分惊讶，问道："所谓'万能溶液'是不是什么都能溶解呢？""是的，能溶解一切。"青年自信地回答。"这种万能溶液你想用什么器皿来盛呢？"爱迪生反问道。那青年被问得哑口无言，只好悻悻地回去了。

点评

万能溶液能溶一切，自然没有一种物品可盛它，爱迪生的问话点破了这种悖论，揭露了青年的设想的荒谬性。

死 因

古代一位国王，定了两种处决犯人的方法：绞刑和杀头。行刑前，允许每个犯人说一句话，并根据这句话的真伪选择施刑的方式——如果犯人说的话是正确的，他将被送上断头台，如果他的话是错误的，他将被送上绞刑架。

可有一天，一位死因行刑前对刽子手叹道："看来会被绞死了。"这一句话颇让得意的国王为难。

点评

聪明的死囚抓住了行刑方法中的破绽，把国王推进了两难推理的处境，使国王左右为难。结果只能是死囚免死。

黑与白

张："这条狗是白狗吗？"

李："当然是白狗，你没见它全身的毛色都是白的么！"

张："我说是条黑狗。"

李："你这是颠倒黑白！"

张："如果以毛的颜色为根据，这条狗的毛是白的，可以叫它白狗。但是，如果以眼睛的颜色为根据，这条狗的眼睛是黑色，我们就可以称它为黑狗！"

点评 ★

张某以实乱名，列举事物个别的片面的、表面的现象来否定事物，这是一种诡辩。

以"和"为"尚"

父子二人游览一座古寺，听到和尚正在念经，儿子问父亲：

"爸爸，和尚是什么人？"

"是佛教徒。"

"为什么称佛教徒叫和尚呢？"

"佛教的人生哲学是主张一切调和，'和'是佛教徒所崇尚和必须遵守的。所以'和尚'就是以'和'为'尚'的人。"

点评 ★

父亲不懂装懂，望文生义，只能算是满口胡言，没能揭示出事物的真正含义。

嫁给老头

春秋时期，艾子有位老朋友叫虞任。虞任有个长得玲珑可爱的小女

儿，艾子十分喜欢她。在她刚满两周岁时，艾子上门为自己的儿子求亲。

虞任问："你儿子多大了？"

艾子答："4岁。"

听罢虞任沉下脸道："你想把我的小女儿嫁给一个老头吗？"

艾子听后摸不着头脑，便问："这从何说起呢？"

虞任说："你儿子4岁，我女儿两岁，你儿子足足比我女儿大一倍的年纪。倘若我的女儿20岁出嫁，你儿子就是40岁，要是有什么事耽误到25岁嫁，那你儿子就是50岁的人了，这不是叫我家小女去陪一个老头子吗？"

点评

人的岁数是与年递增的，而不是成倍猛长。虞任故意用似是而非的错误计算来拒婚。他这样说，既委婉地拒绝了朋友的要求，又不至于影响朋友间的感情。

不死神药

有一个客人贡献"不死神药"给楚王，他把药送到"谒者"那里，"谒者"捧着药入宫，遇见"中射之士"。"中射之士"问道："可以吃吗？""谒者"说："可以。""中射之士"便把药抢过来一口吃了。楚王问罪，"中射之士"狡辩说："'谒者'告诉我可以吃，并没有说只有大王可以吃，所以这不是我的责任，而是'谒者'没有说清楚。"

点评

"中射之士"钻了"可以吃"的空子，给自己做了合理性的辩解，逃脱了指责。

尸体的价格

渭水水势很大。郑国有个富人过河被淹死了。有人将尸体打捞上来后，妥善保存。死者家属得悉后前来赎尸。捞尸人知是富家，因而索价很高。死者家属无奈之下，只好请教当时著名的辩士邓析。邓析告诉死者家属：

“不必担心，也不必给高价，反正他留着尸体也没用。”

捞尸人见死者家属态度强硬起来了，也去请教邓析。邓析又告诉说：

“不必担心，也用不着降价，反正别的尸体是无法凑付的。”

结果双方都很满意，邓析从中得了两份礼。

点评

邓析到什么山唱什么歌，见什么人说什么话，使得双方满意，自己也得利。他对买卖双方提出了存在自相矛盾的处理方法，从形式上讲是逻辑错误，但实际上是合理可行的。

不会说谎

张三：我当你是一个可靠的人，所以几种关于革命的事情都告诉了你。你怎么竟向敌人告密去了？

李四：岂有此理！怎么是告密！我说出来，是因为他们问了我呀。

张三：你不能推说不知道吗？

李四：什么话！我一生没有说过谎，我不是这种靠不住的人！

点评

李四为了隐瞒自己的叛徒行径，故意寻找借口，但终究掩不住其真正实质。

只吃“大白薯”

一户有钱人家过命名日，家里来了许多客人，其中有一名牧师。

这些日子正逢大斋戒，牧师照例是不准动荤腥的。主人准备了各种各样的佳肴款待客人，桌子中央摆着的一盘乳猪更是油光闪闪，香气扑人。

主人十分抱歉地对牧师说：

“啊，对不起，牧师！乳猪不能吃的话，我叫人给您做点素菜吧！”

牧师对乳猪早已垂涎三尺，他挽了挽袖子，举起手来在胸前画了个十字，指着乳猪喃喃地说：

“上帝啊！万能的主，为了我，您已经把这罪恶的小猪变成了大白薯，可是凡人俗子仍毫不察觉，只有我这上帝的仆人才心明眼亮，让我把这大白薯吃了吧！”

说完，牧师心安理得地吃起烤猪来。

点评

牧师凭借上帝万能的力量，将烤乳猪说成大白薯，终于饱饱地吃了一顿。这是一种指鹿为马的诡辩术。

布谷鸟

老师：“你知道布谷鸟有什么用处？”

学生：“布能裁衣，谷能当粮，鸟能供我们玩！”

点评

学生为了掩饰自己对“布谷鸟”这一名词的无知，将其拆开理解，从而歪曲了原意。

受骗的听众

有一次，演讲者登台便问：“诸位听众，你们知道我要讲什么吗？”

大家异口同声地说：“不知道！”

“既然你们不知道我要讲什么，你们如此无知，那我讲了有什么用？”他说着便走下讲台。

第二天他又登上了讲台，对听众们说：“听众们，你们知道我要讲什么吗？”

大家一致说：“知道！”

“行啦，你们已经知道了，我重复一遍有什么意思呢？”说着，他又从讲台上走了下来。

听众们见他这样，便商量好，下次一部分人说知道，一部分人说不知道。

第三天，讲演者再一次登上讲台，他大声说："各位，你们知道我要讲什么吗？"

台下的听众一部分大喊"知道"，一部分大喊"不知道"。

他连忙接着说："那么好吧，知道的人去讲给不知道的人听吧！"

说完，他走下讲台，扬长而去。

点评 ★

这位演讲者，偷换"知道"与"不知道"的概念，迷惑观众。观众无论怎么回答，他总有"走下讲台"的理由，这纯属诡辩。

兄　弟

李："我最近发现，世界上所有的人都是男的。"

马："不对，不是存在妇女半边天么？"

李："我说这话是有根据的。《论语·颜渊》中说，'四海之内皆兄弟也'，意思是说，天下的人都是兄弟，而所有的兄弟都是男的，所以天下的人都是男的。"

点评 ★

李某将"兄弟"仅仅理解为哥哥和弟弟，而忽视了其转义为"团结友爱"的意义，这只能算是诡辩。

日与月

王："请你回答一个问题，如果对了，我请你喝酒；答错了，你请我喝酒。"

刘："好，请出题吧！"

王："日大还是月大？"

刘："你所说的'日'和'月'的含义是什么？"

王："你问得好，我输了！"

点评

由于"日"与"月"的具体含义不能确定，它既可指太阳、月亮，又可指时间单位的"一天"、"一月"，所以，当刘提出有歧义时，王不得不服输。

信口"跳河"

有甲、乙两人在谈论自己喜欢做的事情。

甲："我很喜欢体育运动。"

乙："是啊，你都喜欢哪些项目？"

甲："那太多了，长跑、短跑、马拉松跑、推铅球、掷铁饼、扔标枪、举重、射箭、跳伞、跳远、跳河……"

乙："再练练上吊、挂脖子就更全面了。"

甲：“你这是什么意思？”

乙：“体育项目哪有跳河啊！”

点评

当甲信口说出“跳河”这一根本就不存在的体育项目时，乙用归谬法顺势推导出荒唐的结论：“再练练上吊、挂脖子”，这样更显对方的荒谬。

杀人成人

相传，有个佛教徒正在当众宣讲“轮回报应”的佛教教义。他说，人们不能杀生，因为今世杀了什么生物，来世就会变成什么生物。比如：你杀了牛，来世就变牛；杀了猪，来世就变猪。即使杀了蝼蚁，来世也会变成蝼蚁。

他正讲得起劲，有一位姓许的男子插言道：“照你的说法，大家都杀人好了！”佛教徒气急败坏地说：“胡说！我们佛门弟子连蝼蚁的性命都不肯伤害，怎么能杀人？”

姓许的说：“你刚才不是说杀什么将来变什么吗？杀牛变牛，杀猪变猪。照你这种说法，那么只有杀人，来世才能变人。这不是号召大家杀人吗？”这句话把佛教徒问得张口结舌，没话可说。

点评

姓许的男子先假设佛教徒的观点是对的，由此推出“那么只有杀人，来世才能变人”的荒谬结论。

重男轻女

甲：如果现代医学能够准确地测定胎儿的性别，我的爱人要是怀了一个女胎，哪怕是头胎，我也要叫她去做人工流产。

乙：为什么？

甲：一对夫妻只能生一个孩子，女孩子长大了终归是别人家的，我没有儿子，靠谁传宗接代呢？

乙：我家倒是有个大胖儿子，现在才三岁，等到过了十岁，我就送他到庙里去出家当和尚。

甲：你这是疯了？

乙：我的神经很正常。因为他不能传宗接代！

甲：这孩子有什么毛病吗？

乙：我不是说了吗，大胖儿子，可以参加健康比赛。

甲：那怎么不能传宗接代呢？

乙：将来长大找不到对象。

甲：好好的男孩子，哪能找不到对象？

乙：到时候咱们社会只有男人，没有女人。

甲：真新鲜，哪有这种怪事？一个社会怎么能没有女的呢？

乙：因为女的还没有出生的时候，早叫她的爸爸给“流”了！

甲：啊？——喔……

点评

乙的目的是要指出对方言谈中不合理的部分，然而他不是正面指出不合理的部分，而是用“示假隐真”的方法巧妙地变换了一个形式，诱使对方否定这种荒谬的论断，让他在不知不觉中否定了自己。

迂公醉酒

迂公在朋友家里喝得酩酊大醉，回家时，路过一家宅院门口，只觉得肠胃翻涌，当门呕吐起来。

宅主人看见怒骂道："你为何借酒发狂，在我家门口吐粪！"

迂公睨着眼说："怎么怪我对你家门口呕吐？谁叫你家门口朝向我的嘴巴？"

"好个无赖，我家门口造了多少年啦，难道是才今天对着你的嘴巴造的么？"宅主人哭笑不得地说。

"哼，告诉你，我这张嘴也很有年纪了！"迂公指着自己的嘴说。

点评 ★

迂公活用了对称性的关系判断，即A与B见面，则B也与A见面，强为自己脱罪。

怪异的农民

一个戴手表的农民在干活，一个青年小商贩从他面前经过，问道："请问现在几点钟？"

农民说："按照我们的习惯，对生人不能回答这种问题。"

"为什么？"青年觉得很奇怪。

农民说："如果我告诉你，你一定会感谢我，然后互相介绍，互相认识；相识之后，我就会请你到我家吃晚饭，那时你会看见我漂亮的女儿，你看见我漂亮的女儿，就会一见钟情；如果你一见钟情，你就一定会为她向我求婚；我呢，我必然要拒绝你的请求，因为我不愿意把女儿嫁给一个没有手表戴的人，所以……"

点评

这个农民纯属诡辩。他使用了连锁条件术中的连锁拒取式，但他所使用的若干条件命题的前提是虚假的。

讨　债

有个人年初一刚出门，恰好空中有只飞鸟拉了一堆鸟粪掉到他的头上。他认为这很不吉利的，于是便向屠户赊了一个猪头祭神，以除不祥。拖了很长时间他不还猪头的钱。一天，屠户便上门向他讨债：

"这么长时间了，你赊的猪头的钱不可再拖欠了。"

这人答道："迟是迟了点，但我有句话想对你说：假如那头猪没有长头，难道你能向我要猪头的钱吗？"

"胡说，哪头猪会没长头的！"

"咳，这个假设不恰当。我再假设一下，如果我去年已还了钱，你用完了，你能再向我要猪头的银子吗？"

"你更乱说一气了！假如你还了银子，我用掉了，我别的银子就会省下了！"

"哎，这个假设又不恰当。我索性对你直说了吧！假如那堆鸟粪撒在你的头上，你自己就得用猪头去祭神，这个猪头银子哪里还留到现在呢？"

点评

这个人为了赖账，胡乱作出种种假设条件，屠户发现并指出其假设的虚假，不合事理，有力地反驳了他的诡辩。

谁也没看见

一青年出使某国，受到了该国国王的隆重接待。

宴会上，青年当着国王的面把烧鱼翻了个背。该国法律规定，不能当着国王的面翻动任何东西，违者必被处死。

国王为表示对青年的仁慈，允许他提一个与该国法律无关的要求。

青年镇静地说道：

"我的要求是，刚才谁看见我干了什么，就挖掉他的眼睛！"

国王一怔，首先表示自己没看见，接下来，满朝文武都表示自己什么都没看见。

奇迹出现了，既然谁也没看见青年翻过那条烧鱼，青年自然就没有违反法律，从而免除了这场杀身之祸。

点评

面对该国荒唐的法律，青年并没有被死亡所吓倒。他利用最后的时机，以谬制谬，提出了"刚才谁看见我干了什么，就挖掉他的眼睛"这一要求，使现场局面大为改观，从而使自己处于有利的地位，绝处逢生。

慢工出细活

一老先生想给小孙女做个小板凳，但他请回来的木匠是半路出家的，活做得很糟。

木匠在老先生家干了一个白天，忙完了去主人那里领工钱。

老先生说：

“你做的活太慢了。”

“你没听说吧，慢工出细活。”

老先生说：

“你做的活不光慢，更重要的是质量太差，让我白贴了三顿饭。这样吧，就把这只板凳给你抵工钱吧。”

木匠不干，分辩道：

“别把人当傻瓜，几块钱我不要，谁稀罕你这个丑凳子？缝又大、板又斜，四只脚都不一样齐，能值什么钱？”

点评 ★

在论辩中，抓住论敌自相矛盾的地方，揭露其谬误。老先生故意说以板凳抵工钱，木匠硬是不同意，并且对板凳进行挑剔，这实际上是自己举石头砸自己的脚，终于闹出笑话来。老先生在这里用的就是这种揭露矛盾的诡辩术。

整顿校风

有所学校校风极差，学生结伙偷摸现象时有发生，老师的办公桌、自行车经常被撬被盗。影响很不好，为了整顿校风，在一次全校老师座谈会上，校长发言道：

“大家想一想，为什么这些学生经常撬老师的办公桌、偷老师的自行车？这说明我们的老师和学生没有感情！”

这时有位老师起来反驳说：

“校长阁下，你的办公桌没有被撬，你的自行车没有被盗，是否可以推断校长阁下和这些‘小偷’很有感情？”

顿时校长无言以对，全场哄然大笑。

点评 ★

这位老师运用的是否定前件的错误形式，即如果东西被盗，就是和“小偷”没有感情，校长的东西没有被盗，所以，校长和“小偷”有感情。这种反驳是毫无道理的，纯属诡辩。

体　验

张：你为什么半路拦截女学生？

李：我并没有歹意。

张：这是流氓行为，你不懂吗？

李：我在构思小说，想体验一下与陌生女子结识的心理状态。

张：好吧，那就请你再体验一下被拘留的心理状态！

点评

以诡辩者的谬点为依据，把维护正方的论辩目的作为原则，寻找其中可供利用的漏洞。找到漏洞后，对其进行发挥，形成一种“借口”，在此借口的帮助下，导致诡辩者的不利。李某使用的正是这种借用型联想反驳式技巧。

行窃者

法官：“你竟敢在大白天闯入人家行窃！”

被告：“法官大人，您前次审判我时，指责我说：‘你竟敢在深更半夜潜入民宅行窃！’今天你又指责我：‘你竟敢在大白天闯入人家行窃！’请问法官，我究竟应该在什么时候工作才合适呢？”

点评

这个窃贼实际上列举了一个析取命题，要求法官选择：“我或是在白天行窃，或是在夜里行窃。”这是一个虚假的命题，因为行窃就是违法的，窃贼的狡辩是无理取闹，是为自己开罪。

祈　福

一次，秦昭王生病。百姓得知后，便杀牛祷告上天，祈求上天保佑大王身体早日康复。有位叫公孙述的大臣知道这件事后，便向秦昭王道贺：

“大王，您现在生病，百姓为您祈福。我认为您比尧舜更贤明啊！因为尧舜生病没有百姓为他们祷福。这真是值得庆贺的事！”

秦昭王却变脸了，说道：

“不，你快去将这些人治罪！因为我并没有命令百姓祈福，百姓竟敢擅自祈告，这是偏爱我；百姓偏爱我，那我就必然要改变国家的法度去迎合他们；我改变国家法度去迎合他们，那么国家法度就无法树立；国家法度无法树立，就会使得国家乱亡；与其百姓祈告而使国家乱亡，不如处罚他们来恢复国家的法治！”

点评

老百姓为大王祈福，并不是偏爱大王，大王也并不需要改变国家的法度去迎合他们，秦昭王不过是使用条件连环的推论方法，蛮横狡辩，充分暴露了统治者冷酷的本质。

学政治

张：你为什么选择政治学专业？

李：你认为这个专业有什么不好吗？

张：当然不好。因为如果你学得好，会有人说你搞空头政治，这对你不利。而如果你学得不好的话，又会有人说你政治落后，这同样对你不利。所以说，只要选择了这个专业，不管你学得好不好，对你都是不利的。

李：但我认为情况恰恰相反，如果我学得好，会有人说我政治上进步，这对我有利。如果我学不好，又会有人说我不喜欢空头政治，这同样对我有利。所以，只要我选择了这个专业，无论学得好不好，对我都

是有利的。

点评

使用原诡辩所用的事例，仿造诡辩的表述形式，对那些作为根据的原因作出解释。在诡辩者有意漏掉的那些部分中，找出与诡辩的依据相抵触的东西，然后对诡辩所用过的事例作新的解释，得出与诡辩完全相反的结论来，从而驳倒诡辩的论题。李某用的正是这种反驳式技巧。

不干傻事

妈妈：洗完手再吃饭。

儿子：我才不洗呢！

妈妈：为什么不洗？

儿子：洗干净了，还会再脏的，何必多此一举？所以，我不干这种傻事。你拿走我的饭菜干什么？

妈妈：吃完了饭，还会再饿的，何必多此一举呢？所以，你是不会干这种傻事的！

点评

选择与诡辩者有强烈的利害关系以及具有可表演性的事例，利用诡辩使用的方法并仿用其表达的形式，对感性活动作出相关的解释。上面这个例子中，“妈妈”使用的就是这种典型的反责型借体反驳式技巧。

喝酒与服毒

导演：快拍摄了，怎么还不做准备？

演员：拍醉酒场面，您不给我们来一点真的酒席，我们进入不了角色。

导演：不喝酒就拍不了醉酒场面吗？

演员：当然！

导演：下一场拍服毒镜头，是不是也准备一瓶毒药？

点评

以含有某种无理要求的诡辩作为对象，根据诡辩的谬点，设计出一个疑难问题，并用此疑难问题向诡辩者寻求答案。以诡辩的借口为基点，然后截击诡辩。导演用的正是这种典型的诘难反驳式技巧。

伞与纸

张：你学什么专业？

李：图画专业。

张：我们公司不需要画图画的员工。

李：我学的是图画专业，但是其他方面的工作也能胜任。

张：你什么都能画吗？

李：是的。

张：请你画一张与天同样大的雨伞。

李：可以。不过请你先给我准备一张与天同样大的纸。

点评 ★

以诡辩者的谬点作为推想的基点，考察与之相关联的多种事物，选出典型的东西作为“参照物”，用推论的形式使“参照物”与诡辩者的谬点结合起来，充分显示出诡辩者的“谬”。李某使用的正是这种推衬型对比反驳式技巧。

职 责

张：明天，你们几个不用出操了，帮助我整理一下“内务”。

李：连长，这样能行吗？

张：你是不是军人？难道你不懂服从命令是军人的天职吗？

李：连长，如果营长命令我们去偷东西或抢银行，我们应该怎么办呢？

点评 ★

“服从命令是军人的天职”这句话是张某的核心论点，但他忽略了这句话的前提，使其变成“不管让你做好事还是坏事，你都必须去做”。李某抓住这一前提，并作出推论，使前提为“必须做”与结论的“不能做”形成了矛盾，诡辩的内在荒谬性也就被充分展示了出来。

仁慈全能的上帝

张：请问你对上帝是怎么看的？

李：上帝将人类从沉沦中拯救出来，所以他是仁慈的；上帝使世界和谐，所以他是全能的。他仁慈而全能，所以我诚心地信奉他。

张：如果说上帝是全能的，他一定会知道世间存在着如此之多的丑恶和不平；如果他是仁慈的，他一定不会允许这些丑恶和不平的事情发生。然而事实是怎样的呢？我们的人类世界不是存在着许多的丑恶和不平吗？可上帝究竟是不知道呢，还是不愿意消除它们呢？

点评 ★

仁慈和全能这两种属性含有内在矛盾，而这种矛盾并不是一眼就能发现的。用含有内在矛盾的诡辩论题作为前提，对其中相互矛盾的两个方面加以发挥展示，获得两个结论不能同时都是真的。张某正是用的这种双向型推导反驳式技巧，对李某的诡辩进行了行之有效的反驳。

水能淹人

李：水能淹死人，茶杯里的水也是水吧？所以，茶杯里面的水也能够淹死人的。

张：这个茶杯是你的，你也是人吧？所以你的茶杯的水能淹死你；而淹死你的茶杯高 15 厘米，所以，你身高不足 15 厘米；身高不足 15 厘米的人是侏儒。所以你是个侏儒。

点评 ★

以诡辩的结论为前提作推论，从第一次推断出的结论引发出新的前提，再作新一轮的第二次推断。张某使用的正是这种递进型推导反驳式技巧。这种技巧不仅证明了诡辩者的荒谬性，而且达到了淋漓尽致的效果。

心安理得

牛奶场老板："你今天是不是往牛奶里掺水了？"

新助手："是的，先生。"

老板："你难道不知道这是不道德的吗？"

助手："是的，先生。可您不是亲口说过……"

老板："我是说，以后应该先准备好半桶水，然后再往里面倒牛奶。这样我们便可心安理得地对人们说，我们可没往牛奶里掺水。"

点评

老板尽管将语句"往牛奶里掺水"和"往水里掺牛奶"排列顺序颠倒，产生了不同的表达形式，但就牛奶掺假这一点是事实，这位老板是为自己的私利作诡辩。

无法回答

张：吃饭了吗？

李：你问谁呀？

张：问你呗，还有谁？

李：我怎么回答你呢？

张：吃了就吃了，没吃就没吃，这还不简单吗？

李："问题是早饭、午饭还是晚饭呢？是今天的、明天的还是后天的呢？

点评

李某滥用词语的精确性，从而在社会交往中带来了许多不便。

测　字

有个考生写了个“串”字请测字先生来预测吉凶。测字先生说：

“‘串’字是两个中字连在一起，说明你可以连中，非常吉利。”

另一个考生听了，也写了个“串”字请测字先生来预测吉凶，可测字先生却改口说：

“你不但考不上，还会生病。”

“为什么同一个‘串’字，结果会不一样？”

“他写‘串’字是无心，所以是连中；你写‘串’字却出于有心，‘串’字有心便为‘患’。”

点评

测字先生随意拆合文字来蒙骗考生，测字先生察言观色、信口雌黄，随意歪曲，这就只能是诡辩。

胡扯蛮缠

甲：你说说看，为什么蛤蟆这么小的动物叫出来的声音会那么大呢？

乙：那是因为它嘴大肚大脖子粗，叫唤出来的声音当然大。

甲：我家的字纸篓子也是嘴大肚子大脖子粗，为什么它不叫唤呢？

乙：字纸篓是死物，是竹子编的，不但不叫，连响都响不了。

甲：吹的笙也是竹子的，怎么会响呢？

乙：笙虽是竹子但它有眼儿。

甲：我家的筛米的筛子净是窟窿，怎么吹不响？

乙：因为圆的响扁的不响。

甲：戏台上打的锣怎么会响呢？

点评 ★

在这段对话中，甲故意偷换论题、混淆概念、机械类比、胡扯蛮缠，即使你舌燥唇干也难以辩出什么结果来，此时只有主动退让、立即终止。

请给怀抱婴儿者让座

车子靠站后，上来一位怀抱小孩的妇女。售票员指着车厢上的一条标语对一位青年说：

“同志，请给这位妇女让个座。你看，标语上写着：请给怀抱婴儿者让座。”

这个青年是学医的，振振有词地反驳说：

“医学上明确规定，婴儿是指出生三个月到一周岁的小孩，而这个小孩显然超过一周岁了，哪里还会是什么婴儿？”

点评 ★

在生活中，“婴儿”这个概念是模糊的，而青年将其概念绝对精确化，以此来为自己不文明的行为作诡辩，这就显得荒唐可笑了。

真实的论据

杰克对约翰说："我父亲有一次滑到水里去了，他不会游泳，幸运的是，他的口袋里装了两条鲤鱼，他把这两条鲤鱼抓出来，鱼立即在水中游动起来。他把鱼抓得牢牢的，两条鱼便把他送到岸上了。"

约翰说："我不相信，你拿出证据来。"

杰克说："证明你看到了，我的父亲还活着。"

点评 ★

杰克的父亲还活着，以此为据并不能证明他父亲曾落水，不能推导他父亲衣袋里的鲤鱼无水也能活，也不能证明这两条鲤鱼把他父亲送到了岸上。他的论据的真实性并不能推导论点的真实性，这必是诡辩。

请不要乱扔果皮纸屑

在路上，一位环卫工人刚把街道打扫干净，便有个行人将一包果皮丢了出来。于是环卫工人和这位行人争论起来：

"请不要乱扔果皮纸屑。"环卫工人批评道。

"我们如果不把这地方弄脏，还要你们干什么？"行人强词夺理地说。

点评 ★

"地脏"是"环卫工人打扫的原因"，而这位行人，把"地脏"与"环卫工人打扫"之间的因果关系颠倒过来，将环卫工人扫地说成可以随意将地弄脏的原因，非常明显，这个行人是在诡辩。

对　手

主持人：波莉，请你谈谈，你对那些反对建设原子能工厂的意见有何看法？

波莉：原子能是一种经济、安全而可靠的燃料。

主持人：一点没错。但请告诉我你对反对意见的看法如何。

波莉：他不过是一小部分怪人，试图暗中破坏一项前景广阔的重大工程，这项工程可使许多人受益，而且还提供了129个新的就业机会。

主持人：好，请告诉我，这些怪人的意见对吗？

波莉：当然不对。他们不过是一些既无知又对什么都看不惯的人罢了。

主持人：但是他们错在什么地方呢？

波莉：请原谅，我在城里还有一个约会。

点评 ★

波莉对对方的论点避而不谈，一步步地用诡辩使听众失去对问题的关心，把注意力集中到对“一部分人”的关注上。

建　桥

古时，有位国王准备率领军队去征伐另一个国家。他命令他的工程师在一条河上建造一座桥，以便他的军队顺利地过河。可是，过了很长一段时间，国王还没有听见工程师关于造桥的消息。一天，焦急的国王来到河边，看见工程师正望着湍急的河流出神。

“你想出了什么好主意吗？”国王问。

“陛下，我认为在这条河上建桥完全没有必要。您看，河水流得多急啊！用不了多久河水就会流干，干涸的河床即将露出。”

点评 ★

工程师故意使用虚假的理由为其谬论辩护，即“在这条河上建桥完全没有必要”，理由是“河水湍急，很快就会流干”，工程师很好地利用这种谬论，回绝了国王的命令。

做裤子

有一天，有个姓张的人买了一块新布请妻子为他做一条新裤子。妻子问：

“新裤子做什么样式？”

“和原来的裤子一样就可以了。”

妻子将裤子做好后，把它搞得破破烂烂的，和原来的旧裤子一模一样。丈夫看了很生气，妻子狡辩说：

“你说和原来的裤子一样，这不就和原来的一样了么？”

点评 ★

在特定的语境中，语句能表现出比语句本身更丰富的含义，丈夫的话是指和原来的尺寸一样。妻子正是歪曲语境达到诡辩的目的。

幻　觉

古印度，一位哲学家曾向国王宣讲“人们听到看到的一切都是幻觉”的观点。

一次，大象惊了，那位哲学家吓得面如土色，惊慌遁逃。国王见此情景暗自好笑，事后讥讽他说：

“你那天怎么吓跑了呢？你是被幻觉吓跑的吗？”

哲学家不慌不忙地说：

“国王，你看见我逃跑了是吧，可是，你看见的也是一种幻觉。”

点评

哲学家的观点“人们听到看到的一切都是幻觉”这个观点是错误的，因此他的辩解是荒谬的，他的推论是建立在虚假前提基础上的。国王未能察觉，反倒被哲学家钻了空子。

平息暴动

一次平民暴动，平民们包围了元老院，有个叫米尼涅斯·阿格里巴的贵族出面对平民们说道：

“从前，有一个时候，身体上的各部器官联合向肚子反抗，肚子回答说：‘你们合体赖以生活的食物，是由我最先收纳……虽然在一时之间，不能看见我怎样把食物送到各部分去，可是我可以清算我的收支，大家都从我处领回食物的精华，剩下给自己的只是一些糟粕。’罗马的元老们就是这个肚子，你们就是那一群作乱的器官，……你们享受的一切公共的利益，都是从他们手里得到的……”

结果一场轰轰烈烈的暴动，就这样被一套花言巧语平息了。

点评 ★

米尼涅斯以肚子比喻元老，其他器官比喻平民，他将抽象的事理赋予形象，这具有很大的欺骗性，只不过是荒唐的比喻。

心外无物

有一天，明代主观唯心主义哲学家王阳明与一位朋友到南镇去玩，这个朋友指着山上的一棵花树问王阳明：

“你平时说天下没有心以外的事物，这棵花树我原先没有见过，一直是自开自落，和我的心有什么关系呢？”

王阳明辩解道：“你未曾见这棵花树时，心里就没有花树的感觉，现在你看见了花树，就产生了关系花树的感觉，可见花树还是存在于你的心中，不是存在你的心外。”

点评 ★

花树自开自落，这是客观实际的，不是凭人的主观意志为转移的。而王阳明所提出的“心外无物”即花树不存在，是人的感觉产生的，这纯属谬论。

依《论语》办案的知县

古时有位知县处理任何事情的唯一依据是一本《论语》，他常说："人家都说半部《论语》即可治天下，何况我有一本！"每判一案，他必翻《论语》。有一日早上，有贼偷了人家一只小鸡，县官一翻《论语》便判道："黄昏时分便将此人处死！"旁边一位同僚偷偷地对他说："判得太重了。"县官却瞪大眼睛训斥说：

"不重不重！《论语》上说：'朝闻道，夕死可矣！'这不是说早上捉到盗贼，黄昏便要处死吗？"

点评

《论语》上说"朝闻道，夕死可矣"，并不是说早上抓到盗贼，下午便要将其处死。这位知县滥引名言，断章取义，混淆是非，肆意歪曲，是一个十足的昏官。

走资派

在"文革"时候的批斗会上，常有这样的对话：

"你知道我们为什么批斗你吗？"

"不知道。"

"怎么不知道，因为你是走资派嘛！记住因为你是走资派，我们才斗你。"揪斗者又问道：

“你为什么是走资派？”

“不知道。”

“怎么不知道，因为我们开批斗会斗争你呀！我们斗你这件事本身就说明你是走资派。”

点评 ★

揪斗者以“你是走资派”为论据证明“我们斗你是正确的”，反过来又以“我们斗你是正确的”来论证“你是走资派”。这是一个循环论证的例子。

菩萨显灵

有一位药铺老板每到大年三十晚上，就点上香向菩萨祷告：“大慈大悲的菩萨啊，愿您保佑男女老少都多病多灾，我好发一笔大财啊！”这话被一个仆人听到了。

不久老板的母亲病倒了，躺在床上哼哼叽叽的，仆人对老板说：“这下老太太病得不轻，这全托菩萨的洪福啊！”老板大怒。仆人辩道：“老板息怒，您不是求菩萨保佑男女老少都得病吗？这下菩萨显灵了。”老板哑口无言。

点评 ★

仆人设置陷阱，故意把话说错，待老板大怒时，给予回击。揭露了药铺老板利欲熏心的本质。

幕后者

有一个人站在幕后。

有人问："你认识那帷幕后面的人吗？"

"不，我不认识。"

"而他是你的父亲；因此，你不认识你的父亲。"

"爱勒克特拉认识她的兄弟奥勒斯特，但她认不出在她面前隐藏的人是她的兄弟奥勒斯特，因此，她不认识她自己的兄弟。"

点评 ★

此诡辩混淆了一般与个别、普遍与特殊的概念。他用幕后人这个不确定的、一般化的人偷换了"父亲"和"兄弟"这两个实指的人，因此，他得出的结论是荒谬的。

指鹿为马

有一天，赵高献一头鹿给秦二世，他指着鹿说：

"这是我献给陛下的一匹马！"

秦二世笑道：

"丞相跟我开玩笑吧？这明明是一头鹿，怎么说是一匹马！"

赵高严肃地说：

“谁敢同陛下开玩笑！这明明是一匹马。你要不信，请问别人。”

秦二世随即问左右：

“这究竟是鹿是马？”

赵高的亲信和讨好赵高的那部分大臣，都说是马；另一部分正直的大臣有的不做声，有的实说是鹿。赵高把说是马的大臣都杀了。

点评 ……………………………………………………………… ★

赵高故意混淆“鹿”、“马”两个概念，来达到测试权力的范围，铲除异党的目的。

喝酒与喝水

张：你不如驴子。

李：你怎么能这样讲话呢?

张：如果把一桶酒和一桶水放在驴子面前，它会喝哪个？它肯定喝水。驴子懂得喝酒不好，你却不懂，不说你不如驴子才怪呢?

李：你不喝酒吗?

张：我从来不喝。

李：你还挺谨慎呢。其实我知道饮酒的好坏的，不过即使我知道这个理，我仍然还要去喝，驴子从来不喝酒，怎么知道喝酒的好与坏？然而它谨慎地不喝，在这一点来讲，我们确不如驴子。

点评 ……………………………………………………………… ★

以诡辩的结论作为基点，依借诡辩论证的依据，确立一个与其相悖的根据，对此根据加以解释，使其能够推证出诡辩的结论来。李某运用的正是这种悖题型倒推反驳式技巧。

高跟鞋与头油

李：你不要穿高跟鞋，因为穿高跟鞋的女孩轻浮。

刘：凭什么这样认为的？

李：穿高跟鞋当然脚尖会颤颤，怎么能站稳？一绊到石头之类的东西，自然就会绊倒了，这难道不是轻浮的最好证明吗？

刘：你以后不许再擦头油，因为擦头油的男孩滑头。

李：胡说。

刘：擦上了头油，当然头上乌发溜溜，怎么会不油滑？苍蝇落到上面也会被滑倒，这难道不是滑头的最好证明吗？

点评

选择与诡辩者有利害关系的有关事例，采用诡辩者使用过的方法对事例进行解析，并仿用诡辩者所运用的表述形式，在论述中进一步强化肯定的口气，设法使诡辩者造成的约束来约束诡辩者自身。刘某使用的这种论辩技巧为反难型借体反驳技巧。

希特勒的武力

1938 年 3 月 14 日，希特勒会见捷克总统哈查和外交部长契瓦尔科斯基时威胁说，德军已经今天进军了。在某兵营处遇到了抵抗，但被无情地予以扑灭。德国与捷克的兵力是德军一个师对捷军一个营。建议立即在投降的文件上签字。于是一次又一次把要捷克投降的文件掷到捷克总统和外交部长身上，并不断重复说：

“要是拒绝的话，两小时之内布拉格就有一半会被炸成废墟。”

心慌意乱的捷克总统，最终还是宣布捷克被德国灭国。

点评 ★

希特勒在处理国家间的争端时，不是以理服人，而是诉诸武力、恐吓、强迫捷克总统屈服。这种以势压人的论辩，有悖于平等的论辩的原则，也属于诡辩的一种。

阿Q与尼姑

在鲁迅的小说《阿Q正传》中有这样一段论辩。

有一天，阿Q饿得慌，便出门去求食。他只是走，终于走到静修庵的墙外了。阿Q迟疑了一会，四面一看，并没有人，他便爬上这矮墙去，扯着何首乌藤，跳到里面了。里面真是郁郁葱葱，但似乎并没有黄酒馒头，以及此外可吃之类。他慢慢走近园门去，忽而非常惊喜了，这分明是一畦老萝卜。他于是蹲下便拔，而门口忽然伸出一个很圆的头来，又即缩回去了，这分明是小尼姑。小尼姑之流是阿Q本来视若草芥的，但世事须“退一步想”，所以他赶紧拔起四个萝卜，拧下青叶，兜在大襟里。忽然老尼姑已经出来了。

“阿弥陀佛，阿Q，你怎么跳进园里来偷萝卜！……啊呀，罪过呵，阿唷，阿弥陀佛……”

“我什么时候跳进你的园里来偷萝卜？”阿Q且看且走地说。

“现在……这不是？”老尼姑指着他的衣兜。

“这是你的？你能叫得它答应你么？你……”

点评 ★

阿Q明知萝卜是不会说话的，“你不能叫得它答应你”，因此“这萝卜不是你的”，阿Q这种理由是永远不可能成立的，因而这是一种不成理由的诡辩。

正义的人竟是小偷

苏格拉底：是不是善于预防或避免疾病的人，也就是善于造成疾病的人？

玻勒马霍斯：我想是这样的。

苏：是不是一个善于防守阵地的人，也就善于偷袭敌人的人——不管敌人计划和布置得多么巧妙？

玻：当然。

苏：是不是一样东西的好看守，也就是这样东西的高明的小偷？

玻：看来好像是的。

苏：那么，一个正义的人，既善于管钱，也善于偷钱啰？

玻：按理说，是这么回事。

苏：那么正义的人，到头来竟是一个小偷！

玻：老天爷！不是。我弄得晕头转向了。

点评 ★

苏格拉底奇谲多端的类推，虽娓娓善辩，但纯属诡辩，正义人的前提是排斥小偷行为的。